씨앗

최남미 수필집

교음사

| 책 머리에 |

첫 수필집 『고드랫돌 소리』를 낸 지 오년 만에 두 번째 수필집을 내놓습니다. 이번에는 덤덤할 줄 알았는데, 내 글을 세상에 내놓는 일은 여전히 두렵고 떨리는 일이라는 걸 알았습니다.

수필쓰기는 옷감을 짜는 일과 같다는 생각을 합니다. 씨실과 날실을 엮어서 옷감을 짜듯이 글감에 자신의 생각과 느낌, 경험을 한데 섞어 글을 써내려가다 보면 수필 한 편을 완성할 수 있기 때문입니다. 그런데 글을 쓰다보면 성긴 삼베가 되기도 하고, 어떨 때는 고운 명주가 되기도 합니다.

저는 고운 명주를 짜는 수필가가 되기를 원합니다. 아직은 많이 부족하지만 성실하게 한 걸음 한 걸음 걷다 보면 성긴 삼베 같던 수필이 결 고운 명주가 될 수도 있겠지요.

수필집을 엮을 수 있도록 후원해주신 강원도와 강원문화재단에 감사드립니다. 그리고 언제나 저를 응원해주는 가족들, 삽화를 그려준 친구 이수, 제가 수필을 쓸 수 있도록 지도하고 이끌어주신 박종철 선생님, 문학회 선후배님들께 감사드립니다.

2018년 8월

저자 최남미

최남미 수필집

씨앗

1. 가로수와 노인

2. 강릉의 고택

3. 그리운 삽당령

4. 네 개의 씨앗

1부

가로수와 노인

가로수와 노인

한 노인이 가로수 아래에 주저앉아 있다. 노인의 옆에는 손수레가 놓여 있다. 그는 바닥에 흩어진 종이를 주워 수레 위에 차곡차곡 올려놓고 있다. 그런데 오른손은 명치 쪽에 붙여놓고 왼손만 사용하고 있다. 그러고 보니 얼굴 표정도 부자연스러워 보인다. 불편한 몸으로 폐휴지를 담은 수레를 끌고 가다가 엎지른 모양이다.

얼마 전에도 이 길을 지나가는 노인을 본 적이 있다. 그 때도 한 손으로 손수레를 힘겹게 끌고 있었다. 그가 기우뚱거리며 걸음을 옮길 때마다 손수레도 불안하게 흔들렸다. 그날도 노인은 낡은 티셔츠와 면바지를 입고 먼지가 뽀얗게 앉은 검은색 구두를 신고 있었다. 불편한 몸으로 다니려면 운동화가 제격인데 그는 늘 구두를 신고 다닌다. 소설 '아홉 켤레의 구두로 남은 사내'에 나오는 권 씨처럼 말이다. 권 씨가 막일을 하며 힘겹게 살면서도 지식인으로서의 마지막 자존심을 지키기 위해 윤이 나게 닦은 구두를 신고 다녔던 것처럼, 그도 그가 누렸던 빛나는 시간을 말해주는 구두를 포기하지 못해서 불편함을 감수하고 있는지도 모른다. 그런데 그가 앉아 있는 길의 가로수는 그에게 작은 그늘조차 만들어주지 못하고 있다. 게다가 보호대에 기대선 가냘픈 가로수는 수목 물주머니까지 차고 있다. 물주머니에 연결된 호스를 통해 뿌리에 물을 공급하고 있는 것이다. 물주머니를 찬 채로 서 있는 가로수는 흡사 링거를 맞고 있는 환자처럼 보인다.

얼마 전, 솔올마을에는 가로수 교체 공사가 있었다. 1999년 이 마을이 들어섰을 때 심은 메타세쿼이아 대신 이팝나무가 그 자리를 대신하게 되었다. 메타세쿼이아가 우람하게 자라면서 길을 좁혀가자 불편함을 호소하는 주민들이 있었다고 한다. 그들의 의견이 받아들여져서 메타세쿼이아는 다른 곳으로 보내지고 말았다. 그런데 5월부터 시작된 때 이른 더위로 어린 이팝나무들은 잎이 마르기 시작했다. 결국 따가운 햇살로부터 이팝나무를 살리기 위해 물주머니를 공급한 것이다.

저 나무들이 가로수 구실을 하기까지 얼마나 많은 시간이 걸릴까? 찌는 듯 더위가 찾아올 때마다 시원한 그늘을 만들어주던 메타세쿼이아가 그리워진다. 불편한 몸으로 폐휴지를 줍기 위해 이곳저곳을 다녀야하는 노인도 시원한 그늘이 그리울 텐데…….

나는 메타세쿼이아 나무를 좋아한다. 메타세쿼이아는 봄이 시작되면 겨우내 갈무리해 둔 연둣빛 순을 뾰족뾰족 내밀며 건재함을 알리고, 포근한 햇살이 내리비칠수록 점점 짙은 초록으로 변하다가 무성한 잎으로 성장한다. 곁가지도 우후죽순처럼 무질서하게 자라지 않고 매끈하게 자라서 좋다. 선선한 가을바람이 불어올라치면 싱그럽던 잎은 서서히 황톳빛을 띠다가 하나 둘 잎을 떨구고 겨울을 맞이한다. '메타세쿼이아'라고 부를 때 입안에서 맴도는 울림 또한 기분 좋게 한다. 그렇게 나를 설레게 했던 가로수가 뿌리째 뽑히는 모습을 보았을 때 눈물이 왈칵 쏟아지며 가슴이 아려왔다.

가로수 아래에 앉아있는 노인의 모습이 강제 이주당한 메타세쿼이아처럼 쓸쓸하게 느껴진다. 사람들에게 시원한 그늘을 만들어주던 가로수가 이제는 귀찮은 존재가 되어 버림받은 것처럼, 저 노인도 젊은 시절에는 구두를 신은 발에 땀이 채일 정도로 열심히 살았을 텐데 이제는 늙고 병든 몸이 되어 뒤안길로 물러나 있으니 말이다.

몇 해 전 삽당령 가는 길에 보았던 은행나무가 생각난다. 시골길을 따라 줄지어 서 있던 은행나무들이 도로 확장공사로 인해 길가에 널브러져 있었다. 가을날, 바람이 불 때마다 노랗게 물든 은행잎이 흩날리며 연출하는 화려한 군무를 더 이상 볼 수 없게 되었다. 그나마 쓸모 있다고 생각되는 나무는 뿌리부분을 흙뭉치로 감싸서 새로운 땅으로 보낼 준비를 하고 있었다. 하지만 대다수 은행나무는 밑동이 잘린 채 길가에 아무렇게나 버려져 있었다. 조경업자들이 상품가치가 없는 나무라고 점찍는 순간 버림받은 것이다.

버려진 은행나무도 이사 갈 준비를 하고 있는 은행나무와 똑같은 존재였다. 길손들에게 서늘한 그늘이 되어주었으며, 자동차가 내뿜는 매연을 빨아들이고, 가을이면 온몸을 노랗게 물들여 아름다운 자태를 뽐냈다. 그런데 모든 일을 결정할 때 돈의 가치로만 판단하는 사람들에 의해 생사가 갈리고 말았다. 족히 사십 년은 됨직한 은행나무가 삶을 다한 채 누워있는 모습을 보니 젊은 날 열정을 쏟아 부었던 회사로부터 권고사직을 당한 직장인처럼 느껴져서 마음이 아팠다.

그 은행나무에 비한다면 메타세쿼이아는 다행인 셈이다. 물을 좋아하는 습성을 지닌 그 나무가 경포 생태 저류지로 옮겨져 뿌리를 내리게 되었기 때문이다. 어쩌면 이 마을에서 살 때보다 더 늠름한 모습으로 자랄 수도 있을 것이다. 그리하여 저류지를 돋보이게 하는데 한 몫을 한다면 강제로 이주당한 처량한 신세가 아니라 명품나무로 거듭날 수도 있으리라.

메타세쿼이아를 밀어내고 뿌리를 내리기 시작한 이팝나무도 내년쯤이면 작은 그늘 정도는 만들 수 있을 것이다. 사회의 주류에서 물러나 주변인이 된 노인이 그 그늘에 앉아 잠깐이라도 더위를 식힐 수 있다면 이팝나무도 제 역할을 다했다고 할 수 있겠지. 영원할 것 같았던 가로수의 운명이 시간의 흐름에 따라 바뀌는 것처럼 사람의 일 또한 영원한 것은 없다.

노인은 흩어졌던 폐휴지를 다 정리했는지 자리에서 일어섰다. 기우뚱한 몸으로 손수레를 움켜잡더니 걸음을 옮기기 시작한다. 노인이 걸어가는 길에 늘어선 이팝나무는 내년 봄이면 이밥처럼 새하얀 꽃을 몽실몽실 피우겠지. 폐휴지를 줍다가 지친 노인이 그 가로수 그늘에 들어서면 몽글몽글 피어나는 꽃향기가 그의 쓸쓸한 마음을 보듬어 줄 수도 있으리라.

때

아침저녁으로 찬바람이 불어올 때면 오소소 소름이 돋는다. 하지만 양지바른 곳에 한참 앉아 있을라치면 따가운 햇볕 때문에 등줄기에 땀이 흐른다. 요즘 들어 일교차가 무척 커졌다. 이렇게 일교차가 크면 단풍이 곱게 든다고 했는데 올해는 제대로 물든 단풍을 구경할 수 있으려나 기대된다.

몇 해 전, 가을이 막바지로 치달을 때 단풍구경을 나섰다가 실망했던 일이 떠오른다. 먼발치로 보았을 때는 아름답기만 했는데, 막상 산속으로 들어가 보니 밖에서 보았던 모습과는 사뭇 달랐다. 때 이른 서리에 무방비로 당한 나뭇잎이 수분을 뺏긴 채 바스스

말라있는 것이 꽤나 많았다. 고운 자태를 뽐내기 위해 치장을 하다가 하루아침에 생을 다한 것이다. 그러고 보니 얼마 전에 서울 나들이에서 만난 은행나무도 서리 맞은 나뭇잎과 같은 모습이었다. 한여름처럼 따가운 햇볕 때문에 고운 색으로 물들기도 전에 잎이 죄다 누렇게 메말라가고 있었다. 아직 나무를 떠날 준비가 되어 있지 않은 탓에 스산한 몸으로 가지에 매달려서 바람에 몸을 맡기고 있는 모양이 안쓰러워보였다. 우리네 삶도 저 나뭇잎과 같지 않을까? 아름답고 화려한 삶을 위해 노력하다가 예상치도 못한 일에 떠밀려 나락으로 떨어지는 일도 있으니 말이다.

'가야할 때가 언제인가를 분명히 알고 가는 이의 뒷모습은 얼마나 아름다운가.' 이형기 시인의 '낙화'에 나오는 구절처럼 살고 싶었던 때가 있었다. 하지만 어리석은 나는 때를 알지 못하여 오늘도 시끄러운 마음을 다독이며 허송세월로 아까운 시간을 보내고 있다. 자신이 떠나야할 때를 알고 있다면 얼마나 좋을까? 때를 알고 산다면 헛된 욕심도 버릴 것이고, 마음에서 욕심을 내려놓으면 아옹다옹 다툴 일도 사라지고, 매순간을 감사하는 마음으로 살 것 같다.

얼마 선 TV에서 보았던 라오스 승려들의 탁발행렬이 생각난다. 불교국가인 라오스의 승려들은 이른 아침에 탁발을 하러 거리로 나온다. 그들에게 공양을 하기 위해 길거리에 일렬로 앉아있는 사람들의 표정은 매우 엄숙해보였다. 이 탁발행렬은 중생들에게 덕을 쌓을 수 있는 기회를 주기 위함이라고 한다. 승려들은 탁발한 음식을 가난한 사람들에게 나누어주었다. 바구니를 앞에 두고 쪼그려 앉아있는 어린이들이나 노인들에게 탁발음식을 거의 다 나누어주고 조금 남은 것으로 하루에 한 끼만을 해결한다고 한다. 탁발을 통해 겸허함을 배우고, 몸소 나눔을 실천함으로써 수행을 하는 셈이다.

비록 화면을 통해서 간접체험을 한 것이지만, 그 장면을 보는 순간 코끝이 찡해졌다. 하나라도 더 갖기 위해 아등바등하면서 살고 있는 나 자신이 부끄러워졌다. 라오스는 극빈국가로 어린이의 사망률이 매우 높으며 굶주리는 사람도 많다고 한다. 이 탁발의식은 그런 문제점을 조금이나마 개선할 수 있는 아름다운 관습이었다. 가난함 속에서도 이웃을 위해 나눔을 실천하고, 서로에게 힘이 되어주고 있는 모습이 정말 부러웠다. 우리나라도 저런 때가 있었는데, 지금은 산업이 고도로 발전하면서 물질만능주의 사회가 되어버렸다. 가진 자들은 더 많은 것을 차지하기 위해 힘없는 사람들의 입에 재갈을 물리고, 그들이 설 자리를 빼앗아버렸다. 매순간 마음을 비우며 살고 있는 라오스 승려들이 이 모습을 본다면 뭐라고 할까?

힘 있는 사람과 힘 없는 사람을 구분하는 기준이 되어버린 물질, 이것이 없어도 나눔을 통해 힘을 얻고 살아가는 라오스 승려들이야말로 때를 알고 묵묵히 살아가는 사람들이다. 그들은 때 이른 서리를 맞거나 한여름 같은 가을을 맞이한다고 해도 제 빛깔을 잃고 푸석푸석 메말라가는 나뭇잎처럼 추한 모습으로 살지는 않을 것 같다. 그들은 가야할 때임을 깨닫는 순간 모든 것을 훌훌 버리고 떠날 것 같다.

떠날 때를 모른 채 볼품없는 모습이 되어 스산한 가을바람에 몸을 맡긴 나뭇잎처럼 되지 않기 위해서라도 이제는 집착을 버리는 연습을 해야겠다. 가난하지만 행복하게 사는 법을 터득한 라오스 승려들처럼 좀 더 사람답게 살기 위해서라도 마음을 비워야겠다.

빨래

"빨래가 바람에 제 몸을 맡기는 것처럼 인생도 바람에 맡기는 거야~~"

뮤지컬 '빨래'를 보고 온 후로 자꾸만 흥얼거리는 노래이다. '빨래'는 이 시대를 살아가는 약자들의 이야기이다. 2005년 일반관객들과 만난 이후 십년 넘게 공연하고 있는 작품으로 일본에서 수입하여 공연할 정도로 널리 알려진 뮤지컬이다.

자기 힘으로 야간대학이라도 졸업하고 싶어서 시골에서 올라왔으나 비정규직을 전전하며 생활고에 시달리는 나영이, 코리안 드림을 꿈꾸며 서울에 왔지만 5년 동안 받은 월급보다 떼인 월급이 더 많은 몽골 청년 솔롱고의 만남은 나영이가 서울 변두리로 이사를 오면서 시작된다. 옥탑방에 사는 외국인 노동자 솔롱고는 옆집에 사는 나영을 좋아하게 된다. 나영이 빨래를 널기 위해 옥상으로 올라오기를 기다리다가, 그녀가 올라오는 기척만 나면 다가가서 말을 건넨다. 처음에는 대답도 제대로 하지 않던 나영도 차츰 마음을 열고 이야기를 나눈다.

이 작품에서 빨래는 사람과 사람을 정으로 연결해주는 매개물이다. 방세를 제대로 내지 않아서 매일 독촉을 받는 희정 엄마도 주인 할머니의 빨래를 도와주면서 속이야기를 나누게 되고, 서로를 위로해준다. 나영과 솔롱고도 빨래에 대한 추억을 말하면서 고향과 엄마를 그리워한다. 또 빨래는 희망을 상징한다. 나영은 얼룩진 어제를 지우고, 먼지 묻은 오늘을 털어내고, 주름진 내일을 펴기 위해 빨래를 한다고 노래한다.

OECD가 한국에서 비정규직은 정규직으로 가는 디딤돌이 아니라 한 번 빠지면 헤어 나올 수 없는 덫이라고 했듯이 우리나라는 비정규직 문제가 심각하다. 똑같은 일을 하면서도 정규직의 절반에 해당하는 급여를 받고, 사용자의 눈밖에라도 나거나 계약기간이 만료되면 직장을 그만두어야 한다.

작가를 꿈꾸는 나영도 서점에서 비정규직으로 근무하고 있다.

그런데 수전노 같은 서점 사장은 서점 운영에는 관심이 없고 약자들에게 손해를 끼치면서까지 자신의 돈벌이에만 관심을 보인다. 보다 못한 고참 직원이 바른 소리를 하자 그 자리에서 해고를 한다. 이를 본 나영이 부당 해고에 대해 따지고 들자 출퇴근이 불가능한 곳으로 발령을 낸다. 결국 나영은 서점을 그만두고 희망 없는 자신의 삶에 절망한다. 27살 나영은 비정규직의 애환을 여실히 보여주고 있다. 아름다운 미래를 꿈꾸며 가장 빛나야 할 20대에 하늘이 무너질 것 같은 아픔을 겪는 그녀를 보면서 가슴이 아렸다.

'청백전(청년 백수 전성시대)', '인구론(인문계 졸업생 90%가 논다)', '삼포세대(연애, 결혼, 출산 포기)', '이구백(이십대 90%가 백수)', '장미족(장기간 미취업 졸업생)', '삼일절(31살까지 취직 못하면 인생길이 막혀)' 등 청년 실업의 문제점을 나타내는 많은 신조어들은 우리 사회의 어두운 단면을 보여준다.

오래전 나도 비정규직으로 6개월 정도 근무한 적이 있었다. 둘째 아이가 세 살이 되던 해 오랫동안 다니던 직장을 그만두었다. 퇴직을 결정하기까지 여러 가지 요인이 있었지만, 육아와 살림과 직장생활까지 완벽하게 하려다가 과부하가 걸려 몇 번 쓰러지는 일을 겪으면서 미련 없이 직장을 그만두었다. 퇴직 후 아이들과 외출도 하고, 부모님 심부름도 하면서 지금까지 꿈꾸던 전업주부의 생활에 행복했다. 그런데 행복을 만끽한 기간은 한 달에 불과했다. 다람쥐 쳇바퀴 돌듯이 똑같은 생활을 하다가 시간이 많아지자 하루를 어떻게 보내야할지 난감했으며, 나만 뒤처지는 것 같은 생각에 점점 우울해졌다. 그래서 결국 재취업을 했다.

그런데 직장 동료들은 내가 그들의 반도 안 되는 월급이라도 벌어야만 되는 사람으로 보였는지 친한 사이가 아닌데도 남편이 무슨 일을 하는지 궁금해 했다. 불쾌했지만 그럴 때마다 마음쓰다보면 내 마음만 아프겠구나 싶은 생각에 남의 사생활에 관심 많은 별난 사람들로 치부하며 덤덤하게 받아들이기로 했다. 그렇게 새로운 직장에 적응하며 지내던 중 자동차를 새로 구입하게 되었다. 새 차가 나오던 날, 개인적인 일로 외출한다고 말하기가 어려워서 차를 사무실로 갖다 달라고 했다. 그런데 딜러에게서 전화가 왔다.

"자동차 가지고 왔는데요. 안내에 물으니 직원 중에 사모님이 없다고 하는데 제가 잘못 찾아왔나요? 비상연락망에도 없다고 하는데요."

총무부서에서 비정규직 이름은 비상연락망에 올리지 않았기에 나를 모르고 있던 안내원이 직원 중에 그런 사람은 없다고 말한 것이다. 이름 세 글자 적는 게 뭐 대단한 일이라고 비정규직은 비상연락망에도 올리지 않는 걸까. 내가 하는 일이 아무리 미미한 것이라고 할지라도 같은 건물 안에서 함께 숨 쉬며 한 사람의 역할을 하고 있는데 그들에게 나는 이런 존재밖에 안되는구나 싶은 생각에 화가 치밀었다. 결국 그 일이 계기가 되어 직장을 그만두었다.

벌써 십 년도 더 지난 일이다. 그때만 해도 비정규직의 비율이 높지 않았는데, 이제는 정규직 비율을 바짝 추격할 정도로 높아졌다. 그러나 비정규직에 대한 차별은 여전하다. 비정규직도 직장의 일원으로 동등하게 대해주고, 그들의 권리를 지켜준다면 청년실업 문제도 어느 정도 해결되지 않을까? 사회는 넝쿨처럼 얼기설기 연결되어서 돌아가는 곳이다. 소수의 잘난 사람들이 이끌어가는 그들만의 세상이 아니다.

뮤지컬 '빨래'에 나오는 젊은이들이 빨래를 하면서 품은 희망이 실현되는 사회를 꿈꾸어본다. 일한만큼 정당한 대우를 받을 수 있는 세상, 약한 자를 짓밟지 않는 세상, 가진 자들이 베푸는 따뜻한 세상, 능력을 맘껏 펼칠 수 있는 아름다운 세상.

상상만으로도 얼마나 기분 좋은 일인가.

깊은 잠에 든 감나무

트럭 짐칸에 차곡차곡 포개어 실은 참나무 토막들을 보았다. 금방 베어온 나무인 듯 아직 마르지 않은 연둣빛 새순이 가녀린 잎을 살랑살랑 흔들며 살아있다는 몸짓을 보내고 있었다. 아마도 버섯 재배농장으로 옮겨져 새 생명을 살리는 데 쓰일 모양이다. 숲의 일원으로 살아온 지금까지의 생을 접게 된 참나무가 안쓰러워 보인다. 사람들은 자연이 하는 소리를 들을 수 없다. 그러다보니 그들도 생명이 있다는 사실을 간과할 때가 많다.

우리 집 옥상에는 과일나무와 꽃나무가 어우러진 정원이 있다. 사철나무가 가장자리를 따라 울타리처럼 심어져있고, 과일나무 아래로는 국화, 백합, 금송화, 꽃잔디 등 키 작은 꽃들이 심어져 있다.

봄볕에 달구어진 콘크리트가 온실효과를 발휘한 탓에 정원에 사는 꽃들이 이른 봄부터 꽃망울을 터뜨리기 시작했다. 달빛아래 꽃잎이 흩날리는 모습은 어찌나 아름답던지……. 과일나무들은 하루가 다르게 잎이 무성해지더니 살구나무와 매실나무는 열매가 제법 굵어지고 있었다. 감나무 잎도 눈부시게 반짝거리며 기쁨을 안겨주었다.

강릉은 감나무가 잘 자라는 풍토와 기후를 지니고 있다. 그래서 감나무 가로수 길도 있으며, 오래된 집 마당에는 대부분 감나무가 있을 정도로 흔하게 만날 수 있는 과일나무이기도 하다. 전라도 지방에서 농부들이 모내기나 김매기를 할 때 즐겨 불렀다는 '자진 농부가'라는 민요의 가사에는 '강낭대 강대추는 아그대 다그대 열렸구나'라는 구절이 있다. 강릉 땅의 감과 대추가 주렁주렁 열렸다는 뜻이다. 이렇게 다른 지방에서 불리던 민요에도 등장할 정도로 강릉의 감은 예전부터 유명했다.

감잎이 짙어지는 것을 보면서 올해는 내가 좋아하는 곶감을 직접 만들 수 있으리라는 생각에 흐뭇해졌다. 나는 과일나무 중에서 유독 감나무를 좋아한다. 감꽃을 주워 소꿉놀이를 하고 동생과 목걸이를 만들며 놀던 일, 여름날 감나무 아래에 멍석을 깔고 엎드려서 책을 읽거나 가족들과 두리반에 둘러앉아 밥을 먹던 일, 긴 장대를 이용해서 주홍색으로 물든 홍시를 따먹던 일 등 감나무에는 어린 시절의 추억이 어려 있기 때문이다.

그런데 옥상에서 느끼던 행복은 그리 오래가지 못했다. 봄날 같지 않게 기온이 높은 데 비해 비는 한 방울도 내리지 않는 날이 계속되었다. 저녁마다 옥상으로 오르내리며 물을 주었지만 키가 큰 과일나무부터 시들시들해지며 맥을 추지 못했다. 급기야 살구나무는 열매를 떨어뜨리기 시작했다. 물을 주려고 올라가보면 푸르딩딩한 살구가 옥상 여기저기에 널브러져 있었다. 나무는 가뭄으로부터 살아남기 위해 많은 에너지를 필요로 하는 열매부터 미련 없이 떨어뜨렸다. 가지마다 조롱조롱 매달린 살구를 보면서 이웃과 나누어 먹을 생각에 흐뭇해하던 꿈이 산산조각 나고 말았다. 내가 부어주는 적은 양의 물은 해갈을 하기에 턱없이 부족했기 때문이리라. 이파리들도 누렇게 뜨더니 바람에 무방비상태로 떨어지기 시작했다.

옥상 정원을 살리기 위해서는 좀 더 현실적인 대책이 필요했다. 주인집에 전화를 했다. 나무를 보살펴줄 사람에게 집을 빌려주려고 했다던 말이 생각나 기대를 하며 현재 상황을 전했다.

“나무를 살리려면 매일 물을 주어야하니까 옥상에 있는 수도 좀

고쳐주세요. 대야에 담아서 나르는 건 너무 힘들어서 흠뻑 줄 수가 없거든요."

"어머, 힘들게 물주지 말아요. 어차피 옥상 나무들이 너무 자라서 건물을 망가뜨릴까 봐 죽일 생각이었어요. 절대로 물주지 마세요."

그 날 이후로 옥상에 올라갈 수가 없었다. 타들어 가는 식물들이 얼마나 나를 원망하고 있을까. 생명을 방치하고 있는 나 자신이 죄인처럼 여겨져 차마 나무를 대면할 수 없었다. 땅에 뿌리를 내리고 사는 나무들은 지독한 가뭄에도 잎이 무성해지며 열매를 키우고 있었다. 그런데 우리 집 옥상의 나무들은 깊은 병에 걸린 것처럼 생기를 잃어가고 있었다. 특히 감나무는 바싹 마른 잎을 매달고 있는 모양새가 애처롭기 그지없었다. 내게 기쁨을 주었던 나무들이 이제는 아픔으로 다가왔다. 1미터 가까운 흙에 뿌리를 내렸다고는 해도 바닥은 물의 흔적을 찾을 수 없는 콘크리트니 사람의 손길이 닿지 않는 한 올해처럼 지독한 가뭄에서 살아남는다는 것은 기적일 뿐이었다.

6월 말부터 그토록 고대하던 장마가 시작되었다. 시원스럽게 쏟아지는 비를 바라보면서 제발 나무들이 살아나기를 바라고 또 바랐다.

비가 갠 후 오랜만에 옥상에 올라가 보았다. 그런데 기적이 일어나고 있었다. 시들시들 말라가던 정원에 꽃이 활짝 핀 것이다. 때를 기다리며 숨죽이고 있던 풀도 여기저기서 키를 키우고 있었다. 무엇보다 누렇게 뜨면서 잎을 떨어뜨리며 메말라가던 살구나무와 자두나무가 파릇한 새잎을 피운 것이다. 뒤늦게 핀 잎은 정상적으로 자란 이파리와는 달리 자그마했지만, 가지마다 새움이 튼 모습이 참으로 장해 보였다. 하지만 감나무는 바싹 마른 잎을 단 채로 죽은 듯 아무 기척이 없었다.

며칠 동안 지켜보았지만 감나무는 겨울나무처럼 초라한 모습이었다. 꽃망울을 매단 채로 메말라가던 포도나무에도 새움이 트고 있는데 감나무만 아무런 변화가 일어나지 않았다. 어쩌면 감나무는 절규하며 죽어갔을지도 모른다는 생각이 들었다. 조급함을 이기지 못하여 감나무 가지를 꺾어보았다. 그런데 이게 웬일인가. 나뭇가지에 연둣빛이 감돌았다. 감나무는 비가 내리는 것을 느끼지도 못할 정도로 깊은 잠에 들었다가 이제 서서히 깨어나고 있는 모양이다. 추운 겨울을 이겨내기 위해 몸을 웅크리고 지내던 날처럼 감나무는 지독한 봄 가뭄을 이겨내기 위해 깊은 잠을 선택했었나 보다. 때를 기다리며 자신의 몸을 최적화하는 나무와 풀은 나약한 존재가 아니었다. 옥상정원은 자연의 힘이 신비롭고 위대하다는 것을 나에게 말해주고 있었다.

흔적

아파트 벽에 누군가가 Love라고 쓰고 그 옆에 앙증맞은 하트를 그려놓았다. 자신의 마음을 흔적으로 남기고 싶었나보다. 아이들이 북적이는 학교 주변의 공원놀이터에 비하면 바다의 물 한 방울처럼 미미한 일이지만, 저 낙서를 시발점으로 하여 더 많은 낙서가 하얀 벽을 채워 버릴까봐 왠지 신경이 쓰인다.

학교 주변의 공원놀이터는 그야말로 낙서천국이다. 나무그늘아래 있는 의자는 말할 것도 없고, 모든 놀이기구에 빼곡하게 낙서가 되어 있다. 심지어는 낙서하기에도 힘든 미끄럼틀의 둥그런 관에도 빈틈없이 낙서가 되어 있다. '사랑해 ♡', '우유빛깔 ○○○',

'지금도 앞으로도 사랑해', '방탄소년단' 등 자신이 좋아하는 연예인 이름을 적어놓거나 사랑하는 대상에 대한 마음을 표현하여 기분을 좋게 하는 낙서도 있지만, 누군가를 욕하는 비속어도 많이 써져 있다.

놀이기구에 있는 낙서를 하나하나 읽다 보니 그리스 여행을 갔을 때 곳곳에서 발견하였던 수많은 낙서가 떠올랐다. 그리스는 오랜 역사를 지닌 나라인 만큼 발굴되는 문화재가 아직도 많은지 울타리가 쳐져 있는 장소를 곳곳에서 만날 수 있었다. 그런데 그 울타리는 물론이고 그 아래 콘크리트 턱이나 오래된 담에도 락카 스프레이를 뿌려서 써놓은 낙서들이 있어서 눈살을 찌푸리게 했다.

심지어는 페르시아 왕국을 정복하고 동방원정을 통해 대제국을 건설하였던 알렉산더를 기리는 동상에도 낙서가 되어 있었다. 펜으로 깨알같이 썼다면 눈에 띄지나 않을 텐데, 많은 관광객들이 방문하는 장소임에도 불구하고 락카 스프레이로 뿌려놓은 낙서가 존재한다는 것이 이해되지 않았다. 이제 막 동방원정을 떠나려는 듯 알렉산더 대왕은 오른손에 칼을 빼들고 망토를 휘날리며 앞발굽을 번쩍 들고 있는 말에 올라탄 채 바다를 향하고 있다. 그 모습이 늠름하기 짝이 없는데, 동상이 세워진 기단에는 빈틈이 없을 만큼 빼곡하게 온갖 색깔의 낙서가 되어 있고 옆에 세워놓은 창과

방패 조형물은 물론 벤치에도 낙서가 되어 있었다. 그리스 곳곳을 여행하면서 낙서를 발견할 때마다, 그나마 파르테논 신전이나 제우스 신전처럼 유명한 문화재에 낙서가 되어 있지 않은 것을 다행으로 여기는 마음이 생길 정도였다.

낙서는 사람의 마음을 느슨하게 하며, 사회를 무질서하게 만든다. 1994년 뉴욕시장이 된 루돌프 줄리아니는 강력범죄를 줄이기 위해 도심 속의 낙서를 지우는 일부터 시작했다. 하지만 뉴욕시민들의 반응은 싸늘했다. 범죄를 줄이려면 치안과 관련된 일을 추진해야 하는데 왜 청소부들을 동원하여 낙서를 지우는지 이해하지 못했기 때문이다. 1990년대 뉴욕은 하루에도 수십 건의 강력범죄가 발생하는 범죄소굴이었다. 그래서 관광객들에게는 뉴욕에서 지하철이 가장 위험한 곳이라는 소문이 퍼질 정도였다.

루돌프 줄리아니 시장은 주변의 냉소에도 굴하지 않고 CCTV를 설치하여 낙서한 사람들을 끝까지 추적하였다. 그리고 열심히 낙서를 지운 덕분에 2년 후 뉴욕의 범죄율은 50%로 감소하였다.

낙서는 범죄를 불러올 정도로 사회를 무질서하게 만들지만 고대인들의 낙서는 언제나 환영을 받는다. 역사연구에 큰 도움이 되기 때문이다. 라스코 동굴벽화나 알타미라 동굴 벽화도 구석기 시대 사람의 낙서에서 비롯된 것이 아닌가. 우리나라 반구대 암각화도 마찬가지다. 누군가가 바위에 자신이 사냥한 고래 모습을 새기고, 자신이 목격한 고래의 출산모습을 새기고, 함께 고래사냥에 나갔던 사람들의 모습을 새겨놓는 등 삶의 흔적을 남겨놓은 것이 오늘날에는 역사 연구에 큰 도움이 되고 있으니 누군가의 낙서가 잘 보존된다면 먼 훗날 역사연구에 도움이 될 수도 있을 것이다.

놀이터에 빼곡한 낙서가 잘 보존된다면 언어학이나 아동청소년 심리학, 생활사 등 학문연구에 도움이 되리라는 생각을 해본다. 하지만 이렇게 지저분하고 비속어도 많이 써져 있는 놀이터에서 노는 어린이들을 생각해보면 그리 좋게만 생각할 일이 아니다. 낙서를 보고 자기도 충동적으로 낙서를 하게 되고, 비속어를 읽으면서 비속어를 예사로 여길 수도 있기 때문이다. 낙서를 읽다보니 누군가의 낙서에 더 심한 비속어로 답글을 적어놓은 것을 발견할 수 있었다. 학교나 학원이 끝난 후 친구들과 미끄럼틀을 타다가 낙서를 보고 자신도 모르는 사이에 비속어를 학습한 때문이리라.

Love라고 쓰고 그 옆에 앙증맞은 하트를 그려놓은 아파트 벽의 낙서는 몇 달째 그대로이다. 청소하는 분이 발견하지 못했는지 아니면 가느다란 펜으로 작게 써놓은 낙서라서 대수롭지 않게 여겼기에 지우지 않았는지 모를 일이다. 아무래도 낙서천국이 될까봐 걱정인 내가 나서서 누군가 남기고 싶어 한 흔적을 지워야 될 것 같다. 볼펜 수정잉크로 가능할지 모르지만, 새 아파트가 낙서로 지저분해지기 전에 말이다. 역사 연구에 도움이 될 때까지 기다리다가는 '깨진 유리창 이론'처럼 낙서가 점점 늘어나서 그리스 곳곳에서 만났던 낙서를 능가하여 급기야 이곳이 90년대 뉴욕처럼 변할 수도 있지 않겠는가.

다시 쓰는 쑥부쟁이 전설

옛날 옛적에 가난한 대장장이가 살았는데, 자식이 열한 명이나 되었어요. 그는 열심히 일했지만 입에 풀칠하기도 어려웠지요. 그래서 큰 딸인 쑥부쟁이는 동생들에게 나물죽이라도 먹이기 위해 깊은 산까지 헤집고 다니며 쑥과 나물을 했어요.

그러던 어느 날 화살에 맞은 채 도망치는 노루를 만났어요. 쑥부쟁이는 노루가 가여워서 풀숲에 숨겨주고, 뒤쫓아 온 사냥꾼에게는 엉뚱한 곳을 가르쳐주었지요. 노루는 은혜를 갚겠다고 말하더니 숲으로 사라졌어요. 노루와 헤어진 쑥부쟁이는 집으로 돌아가던 길에 함정에 빠진 사냥꾼을 발견하고 구해주었어요. 쑥부쟁이의 착한 마음씨에 반한 사냥꾼은 결혼허락을 받아오겠다며 한양으로 떠났어요. 그런데 한 해가 가고, 두 해가 지나도 그는 돌아오지 않았어요. 마음을 졸이며 하루하루를 보내던 쑥부쟁이에게 어느 날 노루가 나타나 소원을 들어주는 구슬 세 개를 주고 갔어요. 쑥부쟁이가 구슬 하나를 입에 물고 어머니의 병을 낫게 해달라며 소원을 빌었더니 어머니의 병이 씻은 듯이 나았어요.

쑥부쟁이는 두 번째 구슬을 입에 물고 사냥꾼을 만나고 싶다는 소원을 빌었어요. 그러자 사냥꾼이 나타났어요. 그런데 이미 다른 여자와 결혼해서 아이도 둘이나 있다고 하지 않겠어요. 쑥부쟁이는 가슴이 아팠지만 그의 행복을 위해 세 번째 구슬을 입에 물고 사냥꾼이 아내에게 무사히 돌아가기를 빌었어요. 그를 떠나보낸 쑥부쟁이는 넋을 놓고 걷다가 발을 헛디뎌 낭떠러지에 떨어져 죽고 말았어요. 이듬해, 쑥부쟁이가 죽은 곳에 이름 모를 꽃이 피어났어요. 사람들은 그 꽃을 쑥부쟁이라고 불렀어요. 그녀의 영혼이 꽃으로 피어났다고 믿은 거지요.

지난 가을이었어요. 산책길에서 꽃무더기를 만났어요. 멀리서 보았을 때 개망초인 줄 알았는데 자세히 보니까 개망초보다는 크기가 작고, 여러 갈래로 뻗은 가지마다 꽃을 달고 있는 모습이 분명 처음 보는 꽃이었어요. 사진을 찍어서 꽃 박사 언니에게 보냈더니 미국쑥부쟁이라고 하더군요. 그러고 보니 꽃잎이 우리나라 쑥부쟁이와 정말 비슷하기는 했어요. 암술과 수술이 노란색인 것도 닮았고요. 그런데 우리나라 쑥부쟁이는 대부분 보라색인데 미국쑥부쟁이는 마치 안개꽃 무더기처럼 자잘한 하얀색이더군요.

미국쑥부쟁이는 한국전쟁 때 미군군수물자에 섞여 들어왔다가 우리나라에 정착한 신귀화식물이라고 해요. 북아메리카가 원산지로 여러해살이식물이라네요. 그런데 우리나라 토종 식물들을 위협하는 존재라는군요. 꽃이 예쁘니까 환삼덩굴 같은 외래종 식물처럼 배척당하지도 않을 거고, 그러다보면 점차 토종식물의 터전을 잠식해 나가겠군요. 봉선화도 알고 보면 귀화식물이라니 사람들이 어울려 살 듯 식물들도 그러는 거니까 억지로 배척한다는 게 쉽지는 않을 듯해요. 그냥 인정할 수밖에 없으니 미국쑥부쟁이를 신귀화식물이라고 하는 거겠죠.

바다 건너 먼 땅까지 옮겨와 뿌리를 내리고 살아가는 미국 쑥부쟁이를 보면서 결혼이주여성이 생각났어요. 우리나라는 결혼이민자가 매년 꾸준히 증가하여 전체 혼인의 8%이상을 차지하는데 대부분 동남아 출신 여성들이라네요. 최근에는 다변화 경향을 보이고 있지만요. 그런데 가정폭력에 시달리는 여성들이 많다고 해요. 2007년부터 약 10년간 국내에서 사망한 결혼 이주여성은 19

명인데, 가해자는 대부분 남편이라네요. 이런 기사를 접하니까 어쩌면 이 꽃은 좀 더 나은 삶을 꿈꾸며 우리나라로 시집왔다가 한스런 죽음을 맞이한 여자의 영혼이 꽃으로 피어난 것이 아닐까 하는 생각이 들더라고요. 그래서 미국쑥부쟁이 전설을 상상해서 만들어보았어요.

덥고 가난한 나라에 쑥부쟁이가 살았어요. 동생이 열한 명이나 되는 쑥부쟁이는 가족들이 굶주리지 않게 닥치는 대로 일을 했지만 살림살이는 나아지지 않았지요. 그녀의 유일한 즐거움은 한국드라마를 보는 거였어요. 한국드라마는 식당에서 일하면서 짬짬이 볼 수 있었지요. 드라마에 나오는 한국 남자들은 하나같이 잘생겼고, 자상하고, 삶도 여유로워 보였어요. 그녀는 드라마를 보면서 한국남자와 결혼하여 집안에 도움을 주고 싶다는 생각을 하게 되었어요.

그러던 어느 날 결혼정보회사의 주선으로 한국에서 온 남자와 맞선을 보게 되었어요. 그의 나이는 쑥부쟁이 아버지와 같았어요. 드라마에서 본 남자들처럼 잘생기지도 않았고, 자상해 보이지도 않아서 조금 망설여졌지만, 그가 지불하는 돈으로 가족들이 조금이나마 편하게 살 수 있으리라는 생각에 결혼을 결심하였어요.

그의 집에 도착했을 때 그녀는 낙심했어요. 드라마에서 보던 집과 판이하게 달랐거든요. 다 쓰러져가는 낡고 좁은 집에서 그의 부모님과 함께 살아야만 했어요. 다음날부터 힘든 날이 시작되었어요. 아직 시차적응도 못했는데 시어머니는 아침밥을 지으라며 쑥부쟁이를 깨웠어요. 그녀는 매운 음식이 입에 맞지 않았고, 한국음식을 먹어본 적이 없었기에 맛을 낼 수도 없었어요. 한국어를 모르니 시어머니가 하는 말을 알아들을 수도 없었지요. 말귀를 못 알아듣자 시어머니는 쑥부쟁이를 쥐어박으며 화를 냈어요. 남편은 휑하니 나가더니 늦은 밤, 술에 취해서 들어왔어요. 설핏 잠이 든 쑥부쟁이에게 그는 주먹질과 발길질을 했어요. 쑥부쟁이는 너무 아프고 무서워서 두 손을 빌며 애원했지만 그는 막무가내로 폭행을 저질렀어요. 그의 부모님은 아무 소리도 못 듣는지 아들을 말리지 않았어요.

거의 매일 가정폭력에 시달려서 온몸과 마음이 멍투성이인 쑥부쟁이는 따뜻한 고향집과 가족이 너무나 그리웠어요. 그녀는 자신이 매를 맞는 이유를 생각해보았어요.

'내가 가난한 나라에서 왔기 때문일까? 그들보다 피부색이 검기 때문일까? 내가 강한 나라에서 온 하얀 피부색의 여자였다면 나를 때리지 않았을까? 다음 생에는 하얗게 태어나고 싶다. 강한 나라 사람으로…….'

이웃에 사는 러시아 여성은 맞은 적이 없다고 했거든요. 멍투성이가 된 쑥부쟁이의 얼굴을 보고 그녀가 눈시울을 붉히던 날, 두 사람은 둘도 없는 친구가 되었답니다.

쑥부쟁이가 이런저런 생각을 하면서 설움에 겨워 눈물을 훔치고 있을 때, 술에 취한 채 들어온 남편이 막무가내로 쑥부쟁이를 때리기 시작했어요. 쑥부쟁이가 달아나려고 했지만 그의 억센 손아귀에 잡혀 더 심한 매를 맞다가 결국 쓰러지고 말았어요. 그제야 놀란 시어머니가 119를 불렀어요. 쑥부쟁이는 병원에 도착하자마자 숨을 거두고 말았어요.

이듬해 이웃집 러시아친구가 그녀의 무덤을 찾았을 때, 무덤가에는 하얀 꽃이 무리지어 피어있었어요. 친구는 그 꽃이 쑥부쟁이의 영혼이라고 생각했어요. 쑥부쟁이의 간절한 소망을 잘 알고 있었던 그녀는 그 꽃을 미국쑥부쟁이라고 불렀지요. 그리고 다음 생에는 쑥부쟁이가 부자나라에 태어나서 대접받기를 바라는 마음을 담아 오랫동안 그 꽃을 어루만져 주었답니다.

타불이

"우우우~우우우~우우우~"

늑대 울음소리가 들려온다. 바로 위층에서 들려오는 소리다. 우리 집 반려동물 타불이가 홀로 빈 집을 지키다가 지쳐서 울부짖는 소리다. 아무리 울어도 반응이 없자 좀 더 큰소리를 내서 울부짖는데, 그 소리가 처량하기 이를 데 없다. 하울링 소리가 들려올 때마다 가슴이 콩닥콩닥 뛴다. 집들이 촘촘히 들어서 있는 주택가다 보니 음산한 소리가 창을 넘고, 벽을 뚫고 새어 나오는 것이 걱정된다. 모든 사람들에게 개의 특성을 이해해달라고 하는 것은 무리니까 말이다.

타불이와 산 지 벌써 1년이 되었다. 아무리 몸집이 작은 개라고 할지라도 개만 보면 소스라치게 놀라며 몸을 사리던 내가 개를 키우게 되리라고는 나 자신조차 상상하지 못한 일이었다. 주변 사람들도 상상외의 모습에 놀라고는 한다. 어린 시절 겪었던 슬픈 기억 때문에 그동안 일부러 개를 멀리했었다. 해마다 복날이 다가오면 우리 집에서 키우던 개는 개장수에게 팔려갔다. 동생과 단식투쟁까지 하면서 밤새도록 울었지만, 우리 힘으로는 개를 지킬 수 없었다. 개를 팔아서 마련한 돈으로 엄마는 부엌살림을 장만하였고, 어디선가 갓 태어난 강아지를 데려와서 또 키우기 시작했다. 개가 팔려갈 때마다 지치지도 않고 울어대던 어느 날, 어차피 내 힘으로 지키지 못할 거라면 정을 주지 않기로 마음먹게 되었다.

사람들이 개를 키우기 시작한 것은 만 오천 년 전부터라고 한다. 야생상태인 개를 붙잡아 길들이기 시작했는데, 다른 동물보다 영리한지라 사람들의 사랑을 듬뿍 받게 되었다. 집을 지켜주고, 사냥감을 몰기도 하고, 사람들을 위해 썰매를 매단 채 달리기도 하고, 사나운 동물로부터 가축들을 지켜주기도 했다.

그런데 우리나라는 다른 나라와는 달리 식용을 목적으로 개를 키웠다. 농경사회에서 소 없이는 농사짓기가 어려웠으므로 소를 잡아먹는다는 것은 언감생심 꿈도 꿀 수 없는 일이었다. 그렇기에 여름날 더위에 지치고 일에 지쳐서 기력이 쇠할 때 사람들의 기운을 북돋아 주는데 큰 역할을 한 것은 보신탕이었다.

산업의 발달로 우리나라도 자연스럽게 서구문명을 받아들이게 되면서 보신탕을 기피하는 문화가 빠르게 확산되었고, 보신탕을 팔던 식당도 영양탕이라는 이름으로 바뀌어 사람들의 발길이 뜸한 곳으로 물러나게 되었다. 이제는 식용으로 팔기 위해 개를 키우는 사람들보다 가족으로 생각하며 키우는 사람들이 훨씬 많다. 십여 년 전만 해도 개는 비가 오나 눈이 오나 마당을 지키는 존재일 뿐이었는데, 이제는 주인과 같은 공간에서 생활하며 사랑을 독차지 한다.

그런데 애견문화가 들불처럼 번지면서 문제점도 발생하였다. 애견센터에 진열되어 있는 앙증맞은 강아지 모습에 반하여 뒷일은 생각지도 않고 덜컥 집으로 데려왔다가, 배변을 제대로 가리지 못하거나 병에 걸리거나 돌보기 귀찮아지면 버리는 사람들이 점점 늘어나게 되었다. 애완동물을 휴가지에 데리고 왔다가 슬쩍 버리고 가는 사람들 때문에 여름철이면 휴가지 곳곳에서 떠돌이 개를 발견할 수 있다고 한다. 현재 우리나라 애완동물의 실태를 조사한 자료를 보면 두 집 건너 한 집은 애완동물을 키우고 있다고 한다. 그런데 애완동물 69%가 5년 이내에 버려진다고 하니 대부분 잠재적 유기견이라고 볼 수 있다. 전국의 유기동물을 관리하는 동물보호 관리시스템에는 하루 평균 100마리 이상의 동물이 등록된다고 한다. 이 동물들은 10일 안에 주인이 나타나지 않으면 결국 안락사 된다고 한다.

동물보호소 철창에 갇힌 유기견들이 인기척을 느끼고 컹컹 짖기 시작한다. 주인의 체취가 그리워서인지, 사람과 함께 지내던 행복한 순간을 다시금 누리고 싶어서인지, 아니면 버림받은 사실을 받아들일 수 없어서인지는 몰라도 맹렬하게 짖어대는 개들의 눈동자가 하나같이 슬퍼 보인다. 홀로 남겨질 때마다 하울링을 하는 타불이를 위해 친구를 한 마리 데려오고 싶은데, 그 슬픈 눈망울 때문에 한 마리도 선택할 수가 없었다. 비겁한 선택이지만 결국 갓 태어난 강아지를 한 마리 입양하였다.

동생이 생긴 뒤로 타불이는 더 이상 하울링을 하지 않는다. 내가 집을 나설 때면 꼬리를 축 늘어뜨리고 슬픈 기색이 가득한 눈망울로 쳐다보기는 하지만, 예전처럼 매달리지는 않는다. 그저 현관입구에 앉아서 하염없이 나를 쳐다보기만 한다. 개는 사람만큼 지능이 높지는 않지만 감정을 표현할 줄 아는 동물이다. 단지 귀여워서, 외로울 때 데리고 놀려고, 아이가 장난감을 사달라고 떼쓰듯 졸라서 애완동물을 입양하는 일은 절대로 없어야 한다. 생명을 다루는 일에는 반드시 책임이 뒤따라야 한다. 슬픈 눈동자로 나를 쳐다보는 타불이를 볼 때마다 반려견 행동 전문가가 한 말이 환청처럼 들려온다.

"강아지는 움직이는 봉제인형이 아니에요. 슬픔도 느끼고 두려움도 느끼고 또 같이 있고 싶어 하고요. 그럴 여력이 안 되고 그럴 여유가 없다면 아직 당신은 강아지를 키우면 안 돼요."

밥

화요일마다 행복한 사람이 된다. 문예창작반 수업이 있는 날이기 때문이다. 문학이라는 공통점을 지닌 사람들과 함께 박 선생님의 열정적인 강의를 들을 때면 행복하다. 수업이 끝난 후 함께 점심을 먹는 것도 큰 즐거움 중 하나이다. 개강했을 때만 해도 어색했는데 함께 밥을 먹으면서 가족 같은 정을 느낄 수 있게 되었다.

밥 이야기를 하니까 눈물 젖은 밥을 먹었던 일이 생각난다. 눈물 젖은 밥은 고단한 삶을 떠올리게 한다. 괴테는 자신의 시에서 '눈물 젖은 빵을 먹어보지 못한 사람과는 인생을 논하지 말라'고 했다. 배고픔에 시달리던 사람이 힘겹게 먹을거리를 얻었을 때나 예기치도 않은 불행이 엄습해 왔을 때, 가뭄에 내리는 단비처럼 누군가 사랑을 베풀어 주었을 때 눈물 젖은 빵을 먹게 된다.

사회에 첫발을 내딛었을 때 낯선 환경에 적응하느라 가슴앓이를 많이 했다. 무심코 던진 말에도 상처를 입고, 일처리를 제대로 못해서 상사에게 꾸지람을 듣는 날이면 눈물바람을 할 때가 많았다.

그 날도 혼자 야근을 하고 있었다. 휑뎅그렁한 사무실에 홀로 남겨진 내 신세가 처량해서 훌쩍거리고 있는데, 퇴근한 줄 알았던 선배가 불쑥 들어와 도시락을 건넸다.

"다 먹자고 하는 일인데 굶으면 쓰나? 얼른 밥 먹고 일해."

그 날 난생 처음으로 눈물 젖은 밥을 먹어보았다.

'밥심으로 일한다.'는 말이 있다. 그래서일까? 아버지는 언제나 고봉밥을 드셨다. 과거에는 농사를 짓는 데 사람의 힘이 중요하였다. 겨우내 굳어진 논바닥을 쪼아서 물을 댄 후 소를 몰아 논을 갈고, 써레질을 한 뒤 모내기를 하고, 김매기를 하는 등 벼를 수확하는 모든 과정에 농부의 손이 미치지 않는 일이 없었다. 그러니 아무리 고봉밥이라고는 해도 돌아서면 허기가 질 수밖에 없었을 것이다. 요즘처럼 먹을 것이 지천으로 널려있는 시절이 아니었으니 밥심으로 일을 한다고 할 수밖에.

요즘은 먹을 것이 넘쳐난다. 배고팠던 시절은 이제는 까마득한 옛일이 되어버렸고 살을 빼기 위해서 일부러 음식을 멀리하는 세상이 되었다. 뷔페식당에 가보면 그릇이 바닥을 드러내기 바쁘게 새로운 음식으로 채워놓는다. 그럴 때마다 남으면 어쩌나 걱정이 된다. 식당에 갈 때마다 알뜰히 먹으려고 노력하지만 구미가 당기지 않는 음식은 남기기 마련이다. 집에서도 음식물 쓰레기를 줄이려고 노력하지만 뜻대로 되지는 않는다. 그런데 음식물 수거함을 열 때마다 나보다 심한 사람들도 있다는 것을 알게 된다. 싹이 난 감자와 고구마, 통째로 버린 것 같은 많은 양의 신 김치 등 이웃과 나누어 먹었으면 쓰레기가 되지 않았을 아까운 것들이 버려져 있다. 그것도 봉투에 넣지 않은 채 버린 걸 보면 양심도 없는 사람이라는 생각이 든다.

아깝게 버려진 음식물을 볼 때마다, 구로 야나기 테츠코가 지은 책 『토토의 눈물』에서 읽은 내용이 생각난다. 『토토의 눈물』은 그녀가 유니세프 친선대사에 임명되어 구호활동을 하면서 만난 어린이들의 모습을 담은 책이다. 오랜 내전과 가뭄으로 피폐해진 에티오피아를 방문했을 때 일이라고 한다. 난민 캠프에 몰려드는 사람들이 너무 많아서 모두에게 구호품을 나누어 줄 수 없는 상황이 되자, 표준 체중의 70퍼센트에 못 미치는 아이에게만 종이 팔찌를 해 준 다음 먹을 것을 나누어주었다고 한다. 종이 팔찌는 선택

받은 아이에게만 채워주는 특권인 셈이다. 멀건 죽에 불과하지만 표준 체중 70퍼센트를 조금만 넘어도 다음날까지 배급을 받을 수 없다는 내용이 생각나자 버려진 음식물이 부끄러움으로 다가와 마음을 누른다.

우리 사회에도 풍요 속의 빈곤을 느끼는 사람들이 있다. 그들은 밥을 얻기 위해 범죄를 저지르기도 한다. 마트에서 분유를 훔친 엄마, 임신한 아내를 위해 두부를 훔친 남편, 커피를 슬쩍한 주부 등 생계형 범죄가 나날이 증가하고 있다고 한다. 작년 한 해 일어난 절도 사건은 무려 29만 건인데, 주요 5대 범죄 중 유일하게 절도 범죄율만 증가했고, 그 중에서도 60% 이상이 저소득층과 차상위계층이 저지른 범죄라고 한다.

밥은 사람들의 삶을 이어가는 데 매우 중요하다. 배를 채워주는 역할뿐 아니라 정을 돈독히 하는 역할도 하며, 상처 입은 마음을 위로하는 역할도 한다. 가족들이 대화를 나눌 수 있는 시간도 대부분 밥을 먹을 때이다. 하지만 사회가 발달하면서 가족이 함께 식사를 하는 집은 거의 없다고 한다. 부모들은 밥벌이를 하기 위해 바쁘고, 아이들은 밥값을 하기 위해 공부하느라 바쁘기 때문이다.

"시간되면 밥 먹으러 오너라."

엄마는 자식들 얼굴을 보고 싶을 때마다 밥을 해 놓고 전화를 한다.

비록 엄마가 해 준 밥은 아니지만 마음 맞는 사람들과 함께 밥을 먹으면 가족이 된 것 같아서 좋다. 식탁에 둘러앉아 이야기를 나누다 보면 서로의 입장을 이해하게 되고, 맛있는 음식을 권함으로써 베푸는 마음을 배우게 된다. 그래서 화요일은 즐겁고 행복하다.

꿈꾸는 씨앗

반 평 남짓한 꽃밭에 풀씨가 날아들었다. 진즉에 자리 잡은 냉이는 하얀 꽃을 피운 채 가녀린 몸을 바람에 맡기고 있다. 잔디를 비집고 올라온 꽃다지는 싹을 내미는가 싶더니 자기만의 영역을 다닥다닥 넓히고 있다. 아버지의 꽃밭에서 옮겨온 수선화와 붓꽃은 꽃을 피우지 못한 채 말라가며 몸살을 앓고 있건만 어디선가 날아온 풀씨는 용케도 살아남아 제 자리를 잡고 앉았다.

우리 집은 아파트 2층이다. 2층은 경관을 고려한 건축가의 아이디어 덕분에 다른 층에는 없는 폭 60cm 정도의 대리석으로 된 돌출부분이 있는데, 그곳에는 잔디만 듬성듬성 심어져 있었다. 꽃

가꾸기를 좋아하는 나는 꽃밭을 만들 계획을 세우고 아버지의 꽃밭에서 이제 막 싹을 틔운 수선화와 붓꽃, 국화를 얻어왔다. 굴러온 돌이 박힌 돌 빼는 것 같아서 잔디를 뽑아내지 않고 그 위에 부엽토를 두둑하게 붓고 잔디가 뿌리내리지 않은 빈 공간을 찾아서 화초를 심었다.

하지만 내 생각이 너무 안일했던 걸까? 꽃을 피울 생각도 못하고 파처럼 가늘게 자라던 수선화 잎이 시들어가더니 흔적도 없이 말라버렸다. 오히려 봄 가뭄에 싹을 틔울 생각도 않던 잔디가 부엽토 위로 고개를 뾰족뾰족 내밀었다. 너무 어릴 때 자리를 옮겨서 그런 걸까? 이번에는 꽃망울을 매달고 있는 작약을 심어보았지만 그마저도 시들고 말았다. 아침저녁으로 물을 듬뿍 주었지만 허사였다. 다행히 국화는 더디긴 해도 자기 자리를 잡으며 싱싱하게 자라났다.

그런데 씀바귀, 괭이밥, 제비꽃, 달개비, 명아주, 바랭이 등 온갖 풀들이 자라나기 시작했다. 심지어는 외래종 식물인 환삼덩굴까지 여기저기서 쏙쏙 새싹을 밀어 올렸다. 그대로 두었다가는 풀밭이 되고 말 지경이라 창문 울타리를 타 넘어가 김매기를 했다. 꽃밭을 가꾸려고 부엽토를 두둑하게 부어준 곳은 잔디가 웃자라 풀밭처럼 보였다. 그런데 꽃을 심지 않아서 물을 주지 않았던 공간은 뿌리를 내리지 못한 잔디가 누렇게 말라 죽었고, 풀만 활개를 치고 있었다.

어쩌면 풀씨가 날아온 것이 아닐 수도 있다는 생각이 들었다. 아무리 번식력이 좋다지만 이렇게 다양한 종류의 풀씨가 날아올 수 있을까? 풀씨는 애초에 흙 속에서 잠을 자고 있었는지도 모른다. 경포 습지를 조성하자 반세기 동안 잠들어 있던 가시연이 뿌리를 내리고 꽃을 피운 것처럼, 저 풀도 언젠가는 싹을 틔울 꿈을 꾸면서 때를 기다리고 있었던 것은 아닐까?

초등학교 때 풀 뽑기 작업을 하던 일이 생각났다. 내가 다니던 학교는 새마을 운동 시범학교였다. 그래서인지 손님들도 많이 찾아왔고, 화단 가꾸기에도 열심이었다. 그런데 빈틈을 비집고 올라오는 풀을 뽑는 일은 학생들 몫이었다. 예체능 시간에는 준비물로 챙겨온 호미와 대야를 들고 화단으로 나가야 했다. 어린이들이 일을 하면 얼마나 할까마는 학교 일을 보는 아저씨 혼자 처리하기에는 풀이 너무나도 빠른 속도로 번식하였으니 어쩔 수 없었을 게다.

뙤약볕 아래서 풀 뽑기란 얼마나 지루한 일인가. 그러나 답답한 교실에서 해방된 것만으로도 행복해하는 친구들이 있었다. 그들을 보면서 이 일을 조금이라도 즐기면서 하기 위해 나만의 비밀을 하나 만들었다. 풀의 생명력을 시험해보기로 한 것이다. 뽑아낸 풀들을 쓰레기더미에 버리기 전에 하나만 남겨서 흙 위에 살짝 올려 놓았다. 그리고 풀 뽑기 작업을 다시 할 때 그 풀을 찾아보면 빗물이라도 맞은 풀은 누운 채로 흙을 향해 뿌리를 뻗은 채 살아 있었다. 겉보기에는 한없이 나약해 보이나 삶을 지탱하는 놀라운 생명력을 보여주는 풀을 보면서 경이로움을 느끼곤 했었다.

그 때 일이 생각나서 풀에 대해 조금 너그러워지기로 했다. 내 꽃밭에 사는 풀 중에 예쁜 꽃을 피우는 괭이밥과 제비꽃, 달개비는 뽑지 않기로 했다. 그리고 화원에서 사 온 세이지와 수국을 심었다. 수시로 예쁜 꽃을 보기 위해 꽃잔디, 송엽국, 채송화, 백리향도 심었다.

며칠 후 소나기가 내렸다. 굵은 빗방울이 쉴 새 없이 퍼붓는데, 꽃나무를 심어놓은 곳은 물 빠짐이 원활하게 이루어져 부엽토가 촉촉하게 젖어 들었다. 햇볕에 달구어진 대리석의 열기로 기운을 잃어가던 꽃들이 생기를 띠고 자태를 뽐냈다. 그런데 죽은 잔디만 있는 곳은 물이 흥건하게 고이기 시작했다. 공연히 꽃밭을 만든다고 부엽토를 너무 많이 부어서 배수구가 막힌 건 아닌가 걱정이 되었다. 이 방 저 방 창문을 열고 내다보았지만 별 뾰족한 수가 떠오르지 않았다. 그냥 비 그치기를 기다릴 수밖에…….

풀도 제 역할을 다하려고 적당한 때를 보아 싹을 틔운 것인데,

꽃밭에 풀씨를 떨어뜨릴까 봐 꽃을 심지 않은 곳에 있는 풀까지 뽑았더니 이런 일이 벌어진 것이다. 그나마 몇 포기 남아있는 풀이 물을 빨아들이고 있는지 빗줄기가 가늘어지자 고여 있던 물이 눈에 띄게 줄어들었다. 비가 개이기를 기다렸다가 거실 창 앞에만 심어놓은 꽃나무를 조금 나누어 작은 방 앞에도 심었다. 잔디가 모두 죽어서 모종삽이 깊이 들어갔다. 사람의 손에 의해 옮겨진 잔디는 내가 처음 심었던 수선화와 붓꽃처럼 뿌리를 내리지 못하고 모두 죽었나보다.

잦은 비가 내리고 난 후 꽃밭에는 또다시 풀이 자라기 시작했다. 흙 속에 깊이 잠들어 있던 풀은 자신이 살던 곳이 아니어도 아랑곳하지 않고 때만 맞으면 싹을 틔웠다. 달개비는 사방으로 줄기를 뻗어가면서 아침마다 진한 감청색 꽃을 피웠다. 뿌리째 뽑아 버렸던 쑥도 다시 고개를 내밀고, 명아주, 바랭이도 여기저기서 쑥쑥 솟아나 키를 키우고 있었다. 축축한 땅에서 퍼온 흙인지 방동사니도 여러 군데서 자라고 있다.

이렇게 작은 방 앞 꽃밭이 풀밭이 되어가고 있지만 당분간 김매기는 하지 않을 작정이다. 빈약한 꽃밭에 행여 물이라도 고여 꽃나무의 뿌리가 썩지는 않을까 걱정되기 때문이다. 저 풀들도 자기 역할을 다하기 위해 흙을 뚫고 나왔는지 모른다. 하찮아 보이는 풀 한 포기도 때를 알고 세상 밖으로 나온 것일 뿐. 잔디밭이 풀밭으로 변해가는 모습을 지켜보면서 이 세상에 소용없는 것은 아무것도 없다는 생각이 들었다.

하나뿐인 지구

떠돌이 개 한 마리가 달려오는 차를 피해 곡예를 하고 있습니다. 운전자들도 행여나 살아있는 생명을 다치게 할까 봐 속도를 늦추며 차선을 변경하느라 도로가 어수선합니다. 겁을 먹은 개는 도로 밖으로 선뜻 나오지도 못하고 요리조리 차 사이로 분주히 움직이고 있네요. 아마도 출구를 찾고 있나 봅니다. 성격 급한 운전자는 개가 지나갈 때까지 기다리지 못하고 요란하게 경적을 울려댑니다. 도로 가장자리로 걸음을 옮기던 개는 경적소리에 놀랐는지 몸을 돌려 중앙선을 향해 다시 걸음을 옮깁니다. 이차선만 되었어도 쉽게 길을 건넜을지 모릅니다. 그런데 육차선이다 보니 길

잃은 개는 도로 밖으로 나갈 엄두를 내지도 못한 채 제자리에서 맴을 돌고 있습니다.

길을 나서보면 교통량이 많지 않은 길이라 할지라도, 그 길을 이용하는 사람들의 불편함을 해소시켜 준다는 이유로 곳곳을 파헤치는 것을 심심찮게 볼 수 있습니다. 운전자 입장에서 보면 이차선 도로는 불편한 것이 사실이지요. 농사일을 하러 가는 경운기나 트랙터 같은 농기계가 앞장서 갈라치면 상대 차선에서 달려오는 차 때문에 추월도 못하고 속도를 늦춰야 할 때도 있고, 간혹 덤프트럭이 위협적으로 달려올 때면 움찔하며 놀랄 때도 많으니까요. 게다가 차를 의식하지 않은 채 도로 안으로 들어서서 걷는 사람이라도 만나면 거북이걸음으로 속도를 늦출 수밖에 없지요. 운전자 입장에서 보면 길옆으로 비켜서지 않는 보행자가 밉겠지만, 보행자 입장에서 보면 차가 먼저라는 생각으로 운전하는 사람들이 미울 것입니다.

이렇다 보니 모두의 불편함을 해결하기 위해서는 도로를 넓힐 수밖에 별다른 도리가 없겠네요. 사람들은 목적지에 조금이라도 빨리 도착하기 위해 구불구불한 옛길을 놔두고 곧게 뻗은 새로운 길을 닦기도 합니다. 또 지름길을 만들기 위해 산을 뚫어 터널을 만들고, 로보캅처럼 튼튼한 다릿발을 세워서 산허리를 지나는 다리를 설치하기도 하지요. 이처럼 편리함만을 추구하는 사람들이 끊임없이 노력한 결과 사람의 발길이 뜸한 곳에서도 차 두 대는 너끈히 다닐만한 길을 쉽게 만날 수 있게 되었어요. 사람들이 살기에 정말 편한 세상이 된 것이지요.

이렇게 열심히 길을 닦은 덕분에 우리나라는 국토 면적에 대비하여 도로가 가장 많은 나라가 되었다고 합니다. 그리고 로드킬로 목숨을 잃는 동물 또한 해마다 늘어나고 있다고 하는군요. 양서류와 파충류는 집계되지 않은 자료지만 매년 200마리 이상이 로드킬로 목숨을 잃는다고 하니, 편리함만을 추구하는 인간에 의해 얼마나 많은 동물이 목숨을 잃는지 짐작할 수 있지요.

몇 해 전, 늦은 시간에 시골길을 가다가 고라니를 칠 뻔했던 일이 생각나는군요. 가로등도 없는 길이라 속도를 늦추고 천천히 운전했으니 망정이지 밝은 날 다닐 때처럼 속도를 냈다면 아마도 고라니를 쳤을 겁니다. 차 앞으로 펄쩍 뛰어든 고라니도 놀랐는지 멈춰 서서 큰 눈을 또록또록 굴리더니 얼른 길 건너 산으로 몸을 숨기더군요. 야생동물들은 자기가 사는 터전을 파헤치고 큰 산을 동강 내는 인간들을 보면서 어떤 생각을 할까요? 얼기설기 거미줄처럼 연결된 길 때문에 편안하게 동무들을 만나러 갈 수도 없게 되었는데 말이죠. 동무를 만나러 가거나 자기가 좋아하는 먹이를 찾아가려면 목숨을 걸고 길을 건너야 하니 얼마나 불편할까요. 사람들이 편리하게 살기 위해 닦은 길이 동물에게는 천적이 되고 말았습니다.

야생동물의 로드킬을 막기 위해 야생동물 생태 이동통로도 만들고 산과 도로가 만나는 곳에 울타리도 설치하고 있지만, 아직은 그마저 없는 곳이 훨씬 많다고 하는군요. 그런데 말이지요. 야생동물 생태 이동통로를 볼 때마다 이곳을 알고 이용하는 야생동물이 얼마나 될지 궁금해집니다. 사람들도 돌아가는 것이 귀찮아서 안전한 육교나 횡단보도를 두고 무단횡단을 하는데 말이지요.

길을 가다 보면 차바퀴에 수도 없이 짓밟혀서 형체를 알 수 없게 된 동물 사체를 흔하게 볼 수 있어요. 대부분 덩치가 작은 동물이지요. 그러고 보면 울타리는 고라니와 멧돼지처럼 덩치 큰 동물은 막을 수 있지만 파충류나 양서류, 설치류 같은 작은 동물은 그 울타리 틈새로 얼마든지 빠져나올 수 있으니 안전한 방지책은 아닌 것 같아요. 설마 저 울타리가 덩치 큰 야생동물 때문에 일어나는 교통사고를 막기 위한 방지책은 아니겠지요?

지구는 인간들만의 터전은 아니에요. 동물보다 지능이 뛰어나다고 해서 우리 멋대로 파헤치고, 우리 식대로 다스리려고 하는 것은 반칙 아닌가요? 하나뿐인 지구, 모든 생물이 어우러져 살 수 있는 곳으로 가꾸어야 하지 않을까요? 더 늦기 전에 말이에요.

학교 밖 교실 이야기

"선생님, 저 학교폭력으로 고발당했어요."

"왜? 친구를 때렸니?"

"아뇨, 사진에 찍힌 친구 표정이 하도 우스워서 보내줬더니 친구가 기분 나쁘다며 학교폭력으로 신고했어요."

사진이 마음에 들지 않는다고 학교폭력으로 신고할 생각을 하다니, 예전에는 상상할 수조차 없었던 일이 버젓이 일어나고 있다는 사실에 씁쓸해졌다. 친구와 문자를 주고받다가 마땅히 대답할 말이 없어서 'ㅋㅋㅋ'라고 답장을 보낸 학생도 학교폭력으로 고발당해서 벌점을 받았다고 한다. 그 학생의 부모님은 친구 간에

흔히 일어날 수 있는 일로 벌점까지 받은 사실을 도저히 받아들일 수 없었기에 법에 호소했다고 한다. 그런데 대법원에서도 학교폭력으로 판결했다고 한다.

폭력에는 여러 가지 종류가 있다는 건 누구나 안다. 하지만 과거에는 신체적인 폭력이 아닌 경우는 마음에 상처를 받았더라도 덮고 넘어갔다. 아무 일도 없었던 듯 그렇게 지내다보면 어느 순간 더 친한 사이가 되기도 했고, 아픔을 속으로 삭히다보면 인내심도 기르고 사회성도 기를 수 있었다.

지나칠 정도로 내성적이었던 나는 친구들과 잘 어울리지 못했다. 학교에서 집까지 한 시간가량을 걸어서 다녀야 했던 동네 아이들은 나무그늘이나 공터를 그냥 지나치지 않았다. 아이들이 가방을 던져놓고 고무줄놀이나 공기놀이를 하며 시간을 보낼 때면 운동신경 꽝인 나는 책을 읽으며 놀이가 끝날 때를 기다리고는 했다. 너무나도 놀이를 못하는 나를 어느 편도 데려가지 않으려고 했기 때문이다.

그래도 어떤 날은 혼자 앉아 있는 내가 안쓰러웠는지 깍두기를 시켜줄 때가 있었다. 공깃돌을 받는 것도 못하고 들어가자마자 고무줄을 밟는 놀이치지만 나를 끼워준 아이들이 고마워서 최선을 다하려고 했다. 하지만 언제나 시작하자마자 꽝이었다. 그러면 원래 내 자리로 돌아가 아무렇지도 않은 듯 책을 읽었다. 놀이에 끼지 못하고 외톨이로 지내려니 슬플 때가 많았지만 내색하지 않았다. 그건 어디까지나 내가 못해서 벌어진 일이라고 생각했지 나를 따돌림 시킨다고 생각하지는 않았다. 간혹 함께 놀다가 의견이 맞지 않아서 머리카락을 잡고 싸우는 아이들도 있었지만 학교폭력이라고 아무도 생각하지 않았다. 곁에 있던 아이들은 싸움을 뜯어말리며 화해시키려고 애쓸 뿐 어른들께 고자질하지도 않았다.

친구가 자기의 말에 성실하게 답변을 해주지 않는다고 학교폭력으로 고발하고, 자신을 놀리려고 우스꽝스런 사진을 보냈다고 생각해서 학교폭력으로 고발하는 요즘 아이들에게 나의 유년시절은 '그 때 그 시절' 이야기가 되고 만 것 같다.

학교에서 학생들을 훈육한다는 명목으로 행해지던 체벌이 금지되고 난 이후부터 학생으로서 책임과 의무는 다하지 않으면서 권리만 주장하는 학생들이 늘고 있다. 아이의 잘못을 지적하기라도 하면 자기 자식에게 상처를 주었다며 학생들이 보는 앞에서 선생님을 폭행하는 학부모도 있다. 그런 기사를 접할 때면 교권이 바닥으로 떨어졌음을 실감할 수밖에 없다. 아이들을 꾸짖는 행동은 아이들에게 애정이 있기 때문에 가능한 일이다. 그 아이들에게 애정이 없다면 아이들이 저지른 잘못을 못 본 체할 것이고, 수업 내용을 이해하지 못해도 주어진 시간 동안 강의만 하면 될 일이니까 말이다. 공교육을 살려야 된다고 외치지만 교권보다 학생권이 우위에 있는 현실을 감안할 때 불가능한 일이라는 생각이 든다. 그나마 학교 밖 교실을 운영하는 선생님들은 학교 선생님들보다는 낫다는 생각을 하며 살았는데, 이제는 학교 밖 선생님들의 자리도 점점 위태로워지고 있는 게 현실이다.

수업내용을 또래들보다 잘 이해하는 영리한 아이를 가르친 적이 있었다. 그 아이는 똑똑하긴 했지만 수시로 친구들에게 장난을 걸고, 무시하는 말을 아무렇지도 않게 툭툭 던져서 눈살을 찌푸리게 하곤 했다. 그 아이에게 최신 휴대폰이 생긴 날부터 수업태도는 더욱 나빠졌다. 수업 내내 휴대폰을 만지작거리며 자기 휴대폰은 백만 원이 넘는데 친구들 휴대폰은 싸구려라면서 무시를 했다. 벼는 익을수록 고개를 숙인다는 속담을 들어가면서 타일러 보았지만 귓등으로도 듣지 않았다.

"휴대폰 이리 줘. 수업 끝나면 돌려줄게."

아이 손에서 휴대폰을 압수하여 내 책상에 올려놓았다. 그 순간 독설이 날아왔다.

"선생님, 돈 있어요? 겨우 학원이나 하면서……. 그게 얼마짜린 줄이나 알아요? 고장 내면 고발할거에요."

초등학생이 별생각 없이 내뱉은 말이지만 이 일을 그만둬야겠다는 생각이 들 정도로 아이의 말 한마디 한마디가 비수가 되어 꽂혔다. 수업태도가 안 좋아서 지적하기라도 하면 학원 끊을 거라고 큰소리치는 아이들도 있다. 그런 아이들 눈에 학교 밖 선생님은 엄마가 돈을 주고 부리는 사람에 불과한 것이다. 하나같이 똑똑한 아이들인데 왜 최소한의 배려심도 없이, 아무 생각도 안 하고 말을 하는지 안타까울 때가 많다.

"요즘 아이들은 왜 생각하는 걸 싫어할까요? 조금만 생각하면 될 텐데 무조건 모른다고 말하니 수업하기 너무 힘들어요."

"스마트폰이나 게임 때문에 그런 것 아닐까요?"

"부모님이 모든 걸 다 해주니까 생각할 필요가 없어서 그런 것 같아요."

학교 밖 선생님들과 이야기를 나눌 때 제일 많이 하는 말이다. 그런데 우리가 추측한 원인보다 더 큰 원인이 있다는 것을 다큐멘터리를 보고 알았다.

"저는 생각을 안 하려고 해요. 생각하다보면 시간이 너무 많이 지나가서 영어랑 수학 숙제 할 시간이 부족하거든요."

우리나라 교육현실을 다룬 다큐멘터리에서 한 초등학생이 했던 말이다. 아이들이 너무 많은 숙제를 시간 안에 하기 위해 생각하는 걸 멀리하다가 감정만 앞세우는 사람으로 성장할 것만 같아 걱정이 된다. 자신의 감정을 다치게 했다는 이유로 독설을 내뱉으며 폭행하고, 깊이 생각해보지도 않고 감정 내키는 대로 친한 친구를 고발하는 우리 사회는 건강한 사회일까? 병든 사회일까?

미투운동

여러 방송사에서 충남도지사였던 안희정 씨의 성폭력 의혹에 대해 보도하고 있다. 2017년 더불어민주당 대선후보 경선이 한창일 당시 그는 젊은 패기와 냉철함, 지적인 외모, 설득력 있는 말솜씨로 유권자들의 마음을 사로잡았다. 민주당의 잠룡으로까지 불리던 그의 성폭력 행위가 밝혀진 데에는 미투운동의 역할이 컸다.

미투운동은 2017년 10월 미국에서 시작된 해시태그 운동으로 앨리사 밀라노에 의해 대중화되었으며 이후 전 세계적으로 퍼지게 되었다. 우리나라는 서지현 검사가 한 방송사 뉴스 프로그램에 출연하여 성폭력 실상을 고발하면서 전 영역으로 확대되었다. 사실

대한민국에 살면서 성폭력 피해자임을 알리는 일이 쉽지는 않다. 조선시대의 통치이념이었던 유교사상의 영향으로 인해 그동안 여성들에게만 정조를 강요해온 것이 사실이기 때문이다. 그래서 피해자이면서도 주변에 알리지도 못하고 혼자 가슴앓이를 해야만 하는 여성들이 많았고, 이를 악용한 파렴치한도 많은 것이 사실이다.

과거 여인들이 몸에 지니고 다녔던 은장도도 정조를 지키는 용도였다. 여성들은 어릴 때부터 정조를 지키지 못할 바에는 자결해야 된다고 교육받았다. 심지어는 병자호란 때 청나라에 끌려갔다가 천신만고 끝에 조선으로 돌아온 여인들을 남성들은 정조를 지키지 못했다는 이유로 내쳤다. 오랑캐들로부터 여인들을 지켜주지도 못했던 무능력한 남성들은 여인들을 '환향녀(還鄕女)'라고 부르며 죽음으로 내몰았다. 이때 만들어진 '환향녀'라는 낱말은 나중에 '화냥년'이라는 여성을 비하하는 의미로 변화하게 된다. 이렇게 우리 사회를 지배해온 유교의 관습으로 인해 전 세계적으로 미투운동이 확산될 때에도 우리나라만은 잠잠했었다. 그런데 서지현 검사의 폭로를 시작으로 용기를 얻은 사람들의 폭로가 이어지게 되었다.

먼저 미투운동에 동참한 분야는 연예계였다. 딸과 함께하는 예능프로그램에도 출연하였고, 대학에서 학생들을 가르치는 일을 하면서 드라마 출연도 꾸준히 해 온 연예인의 성추행 폭로가 있던 날, 모임이 있어서 커피숍에 들렀다. 커피숍에 들어서자 일행으로 보이는 중년 여성 두 명이 TV를 보고 있었다. 마침 미투운동에 대한 뉴스가 보도되고 있었는데, 두 여인은 이구동성으로 미투운동에 동참한 여성들을 폄하하고 있었다.

"지들이 꼬리를 쳤겠지. 쉽게 출세하려다가 안 되니까 폭로하는 거겠지."

"그러게 말이야. 여자아이들 무서워서 어디 아들들을 밖에 내보낼 수나 있겠니?"

똑같은 사건을 바라보면서 시각차가 확연히 다른 점이 이해되지 않았다. 만약 피해자가 자신의 가족이여도 저런 반응을 보일 수 있을까. 보도를 접하는 남성들도 분노하고 있건만 같은 여성이면서 어떻게 가해자 편을 들 수 있는지 이해가 되지 않았다.

미투운동이 확산되자 한 방송사에서 시리아 여성들이 처한 상황을 보도한 적이 있다. 내전으로 몸살을 앓고 있는 시리아 여성들은 폭격과 테러의 위협뿐 아니라 성폭력에도 노출되어 있다고 한다. 내전상태이므로 법질서가 바로 서지 않고 권력을 가진 자들이 도덕적이지도 못하기 때문에 약자인 그녀들은 불가항력적인 상태에서 괴롭힘을 당하고 있는 것이다. 그녀들은 자신의 아이들을 살리기 위해서는 구호품이 꼭 필요하기 때문에 처참하고 끔찍한 상황에 내몰려도 하소연도 못한 채 고통스러운 삶을 이어가고 있다. 우리나라는 시리아와 같은 상황은 아니지만 사회적 약자는 강자들에게 자기 목소리를 낼 수 없는 구조인 것이 사실이지 않은가.

환경의 지배를 받을 수밖에 없었던 피해자들의 이야기를 들으면서, 중학생들과 김동인의 소설 '감자'를 읽고 복녀의 행동에 대해 토론했던 일이 생각났다. 복녀는 게으르고 생활력이 없는 남편 때문에 돈을 벌려고 송충이잡이를 나갔다가 감독에게 몸을 팔게 된다. 복녀는 송충이잡이 감독이 어떤 행동을 할지 짐작하고 있었음에도 불구하고 감독이 따라오라고 했을 때 거절하지 않고 순순히 따라간다. 이러한 복녀의 태도를 비판하는 입장과 옹호하는 입장으로 나누어 토론을 했었다. 비판하는 입장은 일거리를 얻지 못하더라도 송충이잡이 감독을 따라가지 말았어야 한다는 의견이었고, 옹호하는 입장은 권력을 지닌 송충이잡이 감독의 말을 거절했더라면 약자인 복녀는 일거리를 얻지 못하여 먹고 살길이 막막했을 거라는 의견이었다.

나는 아이들이 긍정적인 사고를 갖고 당당하게 살기를 바라는 마음에서 복녀의 행동은 비판받아야 한다는 결론을 내렸었다. 그 당시 복녀와 같은 처지에 있는 모든 여성들이 그녀처럼 살지는 않았다는 궁색한 이유를 들어서 말이다. 그런데 연일 보도되는 미투운동을 보면서 가해자들 모두 복녀와 같은 처지에 놓여있었다는 생각이 든다. 약자로서 어쩔 수 없이 당해야만 했고, 용기를 내어 하소연해도 오히려 꽃뱀으로 몰고 가는 사회구조 때문에 참고 살아야 했던 그들. 다시 떠올리기도 싫은 끔찍한 일일 텐데 지금이라도 용기를 내어 말하는 그녀들이 참으로 장해 보인다.

역사책을 읽다보면 여성들의 강인한 모습과 종종 만나게 된다. 1917년 러시아 여성들은 무능력한 황제와 귀족들 때문에 굶주림에 시달리는 가족을 위해 세계 여성의 날에 빵을 요구하며 거리로 나섰다. 그러자 남성노동자들도 합세하였고, 다급해진 황제는 군인들에게 발포명령을 내렸다. 하지만 일부 군인들도 황제의 명을 거역하고 함께 시위에 참여한 결과 제정러시아시대는 막을 내리게 된다. 이처럼 여자들은 강한 정신력과 굳건한 의지를 지니고 있으므로 미투운동은 균형 잡힌 건강한 사회가 되는데 큰 역할을 하게 될 것이다. 더 이상 이 땅에 복녀와 같은 약자들이 나오지 않기를 바라며 미투운동에 동참하는 모든 이들에게 응원의 박수를 보낸다.

2부

강릉의 고택

월화거리의 작은 집 이야기
- 보진당

강릉 폐철도 부지에 월화거리가 조성되었다.

강릉 중앙시장으로 향하는 둑길에는 철로가 있었는데, 그 철둑길 아래에 간이 건물이 쭉 늘어서 있었다. 한 사람이 겨우 운신할 수 있을 정도로 좁은 점포마다 감자전, 감자떡, 메밀전, 메밀전병, 팥죽, 막걸리 등을 파는 먹자골목이 형성되어, 전통시장을 찾는 사람들의 출출함을 달래주었다. 먹자골목은 월화거리가 조성된 뒤에 월화풍물시장이 되어 먹자골목을 그리워하는 사람들 품으로 돌아왔다. 도심철도가 시하화 되면서 철로가 자리하고 있던 터는 시민들을 위한 문화공간으로 탈바꿈하였다.

그런데 월화거리가 만들어지면서 먹자골목만 되돌아온 것이 아니라 권사균이 별당으로 지은 건물인 '보진당'도 한눈에 들어오게 되었다. 권사균은 한양에서 생활하다가 낙향한 후 강릉향교 교수직을 맡아 후학 양성에 힘을 기울인 조선중기의 선비로, 강릉이 문향으로서 자리매김하는 데 일조하였다는 평을 받는 인물이다. 월화풍물시장을 향하다가 우연히 발견한 고택 '보진당'. 전통시장을 찾을 때면 먹자골목 구경에 정신을 쏟느라 그곳을 무심코 지나쳤기에 고택의 존재를 몰랐다. 먹자골목 옆에 위치한 대형마트에 들렀을 때도 주차장 출구로 나오다 보면 담에 둘러싸인 한옥과 마주하게 되는데, 그저 오래된 집이거니 여기며 지나쳤다. 그런데 월화거리가 조성되면서 주변이 훤해지자 고택이 한눈에 들어온 것이다.

보진당 앞에는 수령 1000년 이상 되었다는 옥천동 은행나무가 늠름한 자태로 자리하고 있다. 강원도 기념물 제64호로 지정된 이 은행나무에는 전해져 내려오는 전설이 있다. 신라시대에 한 사냥꾼이 호랑이를 살려주었는데, 그 호랑이가 은혜를 갚기 위해 은행열매를 물어다주어 심은 것이 지금과 같은 아름드리나무로 자랐다는 것이다. 은행나무 주변은 공원으로 조성되어서 날씨가 좋은 날에는 어르신들이 의자에 앉아 쉬고 있는 모습을 종종 볼 수 있다.

1500년대 초에 지어진 보진당은 강원도 문화재자료 제6호로 지정되었다. 안내표지판을 보면 보진당은 정면 4칸, 측면 3칸의 팔작기와지붕이며, 홑처마이면서도 공포와 귀포의 장식이 화려하다고 한다. 정면은 4분합 띠살문을 설치하였고, 처마 위에 달쇠를 설치하여 여름에는 들어 올려서 더위를 식히게 하였다. 정면에 5개, 측면에 3개의 둥근기둥이 있는데, 기둥마다 주련이 걸려 있다. 우측 한 칸만 방이고 나머지 3칸은 마루로 되어 있다. 현재 건물은 고종 4년(1867년)에 화재로 소실된 것을 종인들이 1875년에 중건할 것을 협의하여 이듬해에 재건축하기 시작하였으며 1878년에 완공하였다고 한다. 재건축 후 이곳은 종사에 대해 협의할 때나 후손들의 교육장소로 사용하였다고 한다.

보진당은 대문이 굳게 닫혀 있었다. 아무나 출입할 수 없게 담을 따라 담보다 높게 쳐놓은 울타리가 빙 둘러서 있고 대문 앞에는 문살처럼 나무를 가로 세로 엮어 만든 간이 대문이 있는데, 대문 위쪽은 자물쇠로 채워놓았고 아래 부분은 끈으로 단단하게 동여매어 놓았다. 행여나 문을 벌리고 바닥을 기어서라도 고택으로 들어올까 봐 경계한 때문인지 꽁꽁 동여맨 모습을 보면서, 외부인의 접근을 철저히 막고 있는 폐쇄적인 공간에 대한 궁금증이 일었다. 보진당에 대한 안내 표지판도 울타리 안에 있어서 고택에 대한 설명을 읽어보려면 울타리에 바짝 기대어야만 했다.

주변에 들어선 높은 건물에 의해 포위된 듯 보이는 보진당은 버지니아 리 버튼이 쓴 그림책 '작은 집 이야기'를 연상시킨다. 작은 집 주변에는 맑은 물이 흐르고, 데이지꽃과 사과나무 꽃이 피고, 울새가 나는 아름다운 시골이었는데 주변이 서서히 변화하면서 급기야 복잡한 도시로 탈바꿈하게 된다. 작은집은 고층건물과 대기오염 때문에 좋아하던 별도 달도 볼 수 없는 지경에 이른다. 보진당도 작은집과 같은 변화를 겪었을 것임에 틀림없다. 별장으로 지어졌을 때만 해도 푸른빛으로 쏟아지는 별빛 아래서 시원한 바닷바람과 남대천의 강바람, 대관령에서 불어오는 산바람, 흙냄새, 풀냄새를 맡으며 자연의 일부인 듯 지내왔을 텐데…….

'작은 집 이야기'에 나오는 작은 집은 주변 환경에 따라 표정을 달리한다. 아름다운 자연과 함께 할 때는 웃는 표정을 짓고 있다. 그런데 주변이 서서히 도시로 변화될 때는 무표정해진다. 그러다가 고층건물에 둘러싸여 별도 달도 보지 못하고 오염된 공기를 마시며 생활할 때는 슬픈 표정을 짓는다. 보진당도 작은집처럼 감정을 표현할 수 있다면 어떤 표정을 짓고 있을까? 고층 건물에 둘러싸이고, 앞길에는 자동차들이 쉼 없이 다녀서 맑은 공기도 마실 수 없고 자신의 존재를 알아주는 사람들도 거의 없으니, 지금 보진당은 작은집처럼 슬픈 표정을 짓고 있을지 모른다.

월화거리를 찾는 사람들이 전설이 깃든 옥천동 은행나무뿐만 아니라 문화재로 지정된 보진당에도 관심을 가졌으면 좋겠다. 보진당에 관심을 갖는 사람들이 하나둘 늘어난다면 고택을 관리하는 사람들이 고택과 어울리지 않는 울타리를 없애고 대문도 활짝 열어 놓아 조선중기의 별당 체험을 할 수 있는 기회를 줄지도 모르니까 말이다. 그런 날이 오면 보진당도 활짝 웃는 표정을 짓지 않을까?

과객이 머물다 가는 집
- 상임경당

가을볕이 좋은 날, 길을 나섰다. 강릉영동대학교를 지나 금산벌판에 들어서자 누렇게 익어가는 벼 이삭이 황금물결을 이루며 반겨준다. 가을들판은 내 마음도 풍요롭게 만들어주는 묘한 재주가 있어서 바라만 보아도 배가 부른 것 같다. 가을들판을 감상하면서 달리다가 동해고속도로 교각이 보이는 곳에서 왼쪽 작은 다리를 건너면 정감 있게 펼쳐진 시골길과 만나게 된다. 길은 차라도 만나면 큰일이다 싶게 좁다. 먼 곳에서 건너다보면 보일까? 다른 집에 가려서인지, 산 바로 아래 자리하고 있어서인지 주위를 휘둘러보아도 고택지붕조차 보이지 않는데, 네비게이션이 일러주는 대로 길을 따라가다 보면 상임경당에 당도하게 된다.

담장 옆에 있는 고택안내표지판을 보면 상임경당은 강원유형문화재 제55호로 지정되어 있는 건물로, 조선 중기의 선비 임경당(臨鏡堂) 김열(金說)의 유덕을 기리기 위해 후손들이 지은 별당이라고 한다. 상임경당은 강원유형문화재 제46호로 지정된 임경당과 같이 건축되었다. 그런데 임경당과는 달리 돌로 쌓은 높은 옹벽 위에 정면 3칸, 측면 2칸의 단층 팔작지붕으로 된 민도리집이다. 온돌방의 대청 벽에는 네 짝 분합문이 달려 있어 별당에 오는 손님들이 많을 경우 확장하여 사용할 수 있게 하였다. 정면에는 추사(秋史) 김정희(金正喜)의 부친인 유당(酉堂) 김노경(金魯卿)이 쓴 임경당 현판이 걸려 있다. 상임경당 우측에는 안채, 사랑채, 곳간채로 구성된 'ㄷ'자의 본채 건물이 있고 좌측 뒤쪽으로는 사당이 있다.

상임경당은 율곡 이이의 '호송설(護松設)을 새긴 현판과 김노경의 임경당 현판으로 유명하다. 임경당 김열은 부친 김광헌이 손수 심은 소나무 수백 그루를 보호하고 기르는데 정성을 다하였다. 그는 후손들도 소나무를 잘 보존하기를 바라는 마음에서 교류를 하며 지내던 율곡에게 후손들에게 교훈이 될 만한 글을 부탁하였다. 이에 율곡은 자손들이 조상의 뜻을 안다면 그 뜻이 영원할 것이며, 말로써 가르치는 것은 몸으로 가르치는 것만 못하고 글로써 가르치는 것은 뜻으로 전하는 것만 못하니 말보다는 뜻이 중요하다는 내용의 호송설을 지어주었다.

호송설의 근원지답게 마을 뒷산은 아름드리 소나무로 울울창창하다. 큰 산불이 강릉을 휩쓸고 지나갔을 때 상임경당이 있는 금산리에도 산불이 들이닥쳐 도깨비불처럼 날아다니며 큰 피해를 입혔다. 그날 고택 앞에는 화마로부터 문화재를 지키기 위해 소방차가 대기하고 있었다고 한다. 천만다행히 강풍에 떠밀린 산불은 고택에 피해를 입히지 않고 지나갔다. 그 날 이후 율곡 이이의 호송설 현판을 비롯한 조선시대 문필가들이 쓴 현판과 주련을 모두 떼어서 안전한 곳으로 옮겼다고 한다. 그래서 지금은 임경당 현판만 볼 수 있다. 좀 더 일찍 방문했더라면 가치 있는 문화재를 직접 볼 수 있었을 텐데, 책자로밖에 만날 수 없어서 아쉬웠다. 문화재 목록을 기록한 책자에는 16세기부터 20세기 초반까지 상임경당을 방문한 과객들이 남기고 간 현판, 편액, 주련에 대해 자세히 기록되어 있었다. 우리에게 익숙한 역사 속 인물인 추사 김정희, 어촌 심언광, 기재 신광한의 작품도 발견할 수 있었다.

고택의 종부가 새댁이던 오십 여 년 전만 해도 상임경당에는 과객들을 대접할 때 사용하던 소반이 매우 많았는데 어느 순간 하나 둘 도둑을 맞아서 이제는 모두 사라졌다고 한다. 집기뿐만 아니라 조상대대로 내려오던 병풍 등 문화재의 가치를 지니고 있는 것은 대부분 손을 탔다고 한다. 임경당도 마찬가지여서 그곳에서 보관하던 김열의 '송어시(松魚詩)'현판도 도둑맞았다고 했다. 그런데 다행스럽게도 상임경당에서 보관하던 송어시 현판은 안전한 곳에 잘 보관하고 있다고 한다. 송어시는 인간의 욕심을 경계하는 내용으로 다음과 같다.

發發纖鱗氣力多
(팔짝팔짝 튀어 오르는 물고기 참으로 힘이 좋아서)
龍門九級可跳過
(용문 아홉 층 물길도 거뜬히 뛰어 넘겠지만)
可憐知進不知退
(안타깝구나! 앞으로 나아갈 줄만 알고 물러날 줄 모르니)
終失滄溟萬里波
(끝끝내 만리 푸른 바다 물결 잃고 말겠네)

고택을 안내해주던 종손이 송어시에 얽힌 이야기를 들려주었다. 조선 중종 때 강릉의 한 서생이 권세가 대단한 벼슬아치에게 송어 한 마리를 선물로 주고 갔는데 송이의 배를 갈라보니 비단편지가 나왔다. 비단편지에는 위와 같은 시 한편이 적혀있었는데, 내용을 읽어 본 권세가는 병을 핑계대고 벼슬자리에 나가지 않았다고 한다. 얼마 후 기묘사화가 일어났을 때, 권세가는 송어시 덕분에 화를 면했다고 한다.

김열은 중종 14년에 진사에 올라 평강훈도 등 여러 차례 벼슬에 제수되었으나 부임하지 않고 후학 양성과 학문증진에 힘쓰는 등 청렴한 생활을 했던 조선중기의 학자이다. 문화재 목록만 보아도 그의 인품을 아는 이들의 방문이 끊이지 않았음을 짐작할 수 있다. 상임경당에 들르는 과객의 상에 올렸던 음식을 바탕으로 하여 종부는 향토음식점을 운영하고 있다. 500여 년 동안 이어져온 종가의 씨간장을 사용한다고 하는데, 종부의 가자미식해 솜씨는 식당을 열기 전부터 널리 알려져 TV 프로그램인 '한국인의 밥상'에도 소개되었다. 가자미식해는 겨울철에만 상에 올린다고 하니 찬바람이 불 때 과객이 되어 한 번 들러봐야겠다.

고택 앞에 서서 주변을 둘러보니 동해고속도로 교각이 한 눈에 들어온다. 그 위로 자동차들이 빠르게 지나가면서 내는 소리가 귀를 어지럽힌다. 상임경당은 풍수지리학적으로 명당이라고 한다. 날개를 활짝 펴고 있는 갈매기 모양의 형세라고 하는데 갈매기의 왼쪽 날개를 동해고속도로가 누르고 있는 셈이다. 집 앞으로는 넓은 들판이 펼쳐져 있고, 뒤로는 수 백 그루의 소나무가 울창한 숲을 이루어 고색창연한 아름다움을 간직하고 있는 상임경당. 그런데 생뚱맞게 자리한 동해고속도로는 고택의 경관을 해치는 옥에 티임에 분명해 보인다. 조금 불편하더라도 산을 뭉개고 들판을 가로지르는 교각을 세우는 등 자연경관을 해치는 개발은 자제했으면 좋으련만……. 로봇 다리처럼 견고해 보이는 교각 때문에 마음이 무거워진 탓일까? 고택을 나서는 발걸음이 무겁기만 하다.

신화를 품고 있는 집
- 경방댁

"밤에 머리 감지 말고 낼 아침에 감어라."

한여름 밤 무더위를 식히기 위해 머리라도 감을라치면 할머니는 질겁하면서 말리셨다. 이유인즉슨 밤에 머리를 감으면 호랑이한테 물려간다는 것이다. 요즘 세상에 호랑이가 어디 있냐고 하면 최 씨 집안 딸이 호랑이한테 물려간 이야기를 들려주고는 했다. 처녀가 머리를 감고 후원에 앉아서 단장을 하고 있었는데 담을 넘어온 호랑이가 처녀를 업고 가버렸다고 한다. 그 처녀는 죽어서 대관령국사여성황신이 되었다고 했다. 나중에 문헌을 통해서 최 씨 처녀가 아니라 정 씨 처녀인 것을 알게 되었지만, 어린 마음에 나도 최 씨니까 호랑이한테 물려갈지도 모른다는 두려움이 밀려오곤 했다. 신화를 알고 난 이후부터 아름드리나무가 울타리마냥 둘러선 고택을 지나칠 때면 경외심이 들고는 했다. 울창한 나무에 둘러싸인 경방댁은 비밀의 정원 같았다.

매미소리가 드높던 날, 대관령국사여성황신의 탄생지, 경방댁을 방문했다. 지금은 종손인 최규동 씨가 고택을 지키며 살고 있었다. 대문을 사이에 두고 마주보고 서있는 수령 삼백년쯤 되었다는 회화나무와 1982년에 강릉시에서 보호수로 지정한 수령 250년쯤 된 회화나무를 비롯하여 대나무, 소나무, 배롱나무, 단풍나무 등 울창하게 들어선 나무들이 고택을 감싸고 있는 모습이 신비로움을 더해주었다.

경방댁은 음력 5월 3일 강릉 단오 영신제 행차 때면 대문을 활짝 열어놓는다. 여성황사를 출발한 국사성황신 행차가 이곳에 들러서 제를 올리는데 일종의 노제이다. 이는 경방댁이 주관한다. 6대 종부 때까지만 해도 쌀 3말 3되 3홉으로 백설기를 만들어 제를 보러온 사람들에게 나누어주었다고 한다. 구경꾼들이 늘어나서 떡이 부족해도 쌀을 더 늘리지 않은 것은 조상대대로 이어온 전통을 받들었기 때문이라고 한다. 그런데 지금은 쌀 한 가마니로 백설기를 마련한다고 했다.

종손은 최 씨가(家)가 이곳에 터를 잡고 살기 시작한 때를 조선후기로 보았다. 원래는 담장 안에 대관령국사여성황신을 모신 성황사가 있었는데, 선대 때 자비를 들여서 담장 밖으로 이전했다고 한다. 나라에서 내려준 성황사를 멋대로 옮긴 일로 왕이 참형을 명했지만, 알고 지내던 관리의 중재로 모면한 일이 있다고 한다. 이런 일화가 있는 것으로 보아 이 터의 주인이 최 씨가로 바뀐 시기가 조선후기인 것 같다고 했다.

아름드리 단풍나무가 시원한 그늘을 만들어주는 곳에 자리를 잡고 앉자, 종손은 경방댁의 역사와 전통에 대해 들려주었다. 우리가 자리한 곳에는 원래 고택이 있었다고 한다. 그런데 일본유학을 마치고 온 종손의 할아버지께서 주관하여 고택을 지금 자리로 옮기고 이곳에는 2층 양옥집을 지었다고 한다. 수세식 화장실과 양어장까지 갖춘 현대식 건물이었는데, 한국전쟁 때 임시로 주둔하고 있던 미군들의 부주의로 화재가 나서 양옥집은 모두 소실되었다고 했다.

단풍나무 뒤로는 석빙고가 있었다. 석빙고 주변에는 키 큰 대나무가 빼곡하게 들어차 있어서 음산한 느낌이 들었다. 석빙고는 한여름에도 15°를 넘지 않는다고 했다. 안에 들어서자 시원한 냉기가 느껴졌다. 냉장고가 없던 시절에는 음식을 저장하는 곳이었다는데, 지금은 담근 술을 보관하고 있었다.

석빙고 구경을 마친 후 본채로 향했다. 수령 400년쯤 되었다는 배롱나무를 지나 돌계단 서너 개를 오르면 출입문과 맞닥뜨린다. 본채는 한옥의 형태를 갖추었으나 일제 강점기 때 터를 옮겨 새로이 지은 집이라서 그런지 자잘한 모양의 타일이나 좁고 기다란 직사각형 창문 등에서 일본식 가옥의 흔적이 느껴졌다. 현관으로 들어서면 오른쪽에 손님맞이용 응접실이 있다. 현관과 마주보는 복도 끝에 화장실이 있고 복도를 사이에 두고 방 두 칸이 마주보고 있다. 응접실 방문과 마주한 복도를 따라 나오면 조상들의 신위를 모셔놓은 사당이 나온다. 마침 백일기도 기간이라서 정화수를 떠놓고 치성을 드리고 있다고 했다. 정화수는 성산면에 있는 보현사까지 가서 떠온다고 한다. 기도 기간에는 금주까지 하는 등 전통을 지키려고 노력하는 종손이 대단해 보였다. 사당 옆의 방을 지나면 복도 끝으로 욕실과 주방이 나온다.

집안은 현대화되어 있어서 고택다운 느낌은 들지 않았지만, 신위를 모셔놓은 사당은 고풍스런 느낌이 들었다. 일반 집들은 거실로 사용했음직한 넓은 방이 조상의 신위를 모셔놓은 사당인 점, 나무문으로 된 벽장과 신위를 올려놓을 수 있는 나무로 된 대 등은 경방댁만의 특징을 잘 보여주고 있었다.

본채에서 나와 별채를 둘러보았다. 예전에는 집안일을 돌보던 이들이 살았다고 하는데, 지금은 아무도 기거하지 않는다고 했다. 그런데 수막새가 눈에 띄었다. 본채의 수막새는 아무런 무늬가 없는데, 별채의 수막새에는 무궁화와 태극무늬가 있는 점이 특이했다. 일제강점기 때 종손의 증조할아버지께서 조상의 산소에 무궁화를 심었다가 큰 화를 당할 뻔했다는 이야기를 들려주었는데, 무궁화를 사랑하는 마음을 이렇게 수막새에 옮겨놓은 것은 아닐까?

궁금증을 안은 채 별채를 나와서 정원을 둘러보았다. 관리를 못해서 잡풀만 무성한 연못, 지금은 사용하지 않아서 뚜껑을 덮어놓은 우물, 1910년대에 집을 지은 것을 기념하여 세워놓았으나 비바람에 씻기어 글자의 흔적만 남아있는 돌비석 등이 경방댁의 지나온 세월을 말해주고 있었다.

정 씨 처녀는 어디쯤에 앉아 있다가 호환을 당했을까? 정 씨 처녀가 살았던 때와 지금의 정원이 같지 않을 텐데 정원을 둘러보면서 문득 궁금증이 일었다. 이제 대문을 나서면 영신제 행차 때나 비밀의 정원에 발을 들여 놓을 수 있으리라. 고택을 지키며 전통을 이어가고 있는 종손의 배웅을 받으며 걸음을 옮길 때, 불어온 바람에 배롱나무의 붉은 꽃잎이 하늘거렸다.

저 나무는 오래 전 그날을 기억하고 있을까?

사람을 으뜸으로 섬기는 집
- 조옥현 가옥

봄비가 촉촉이 내리던 날 서지골을 찾았다. 강릉 난곡교를 건너서 바로 왼쪽 길로 접어들면 차 두 대가 겨우 비껴갈 정도로 좁은 길이 나온다. 그 길을 오르다보면 갈림길마다 '서지초가뜰'이란 작은 길안내표지판이 나오는데, 그 표지판을 따라 산모롱이를 돌면 푸르른 소나무와 대나무가 병풍처럼 둘러서 있는 양지바른 곳에 조옥현 가옥이 있다. 고택 앞길에는 아담하게 생긴 솟대가 하나 있다. 솟대 앞에는 1888년 3월에 과거에 급제한 사람을 축하하고 이를 기념하기 위해 세웠던 것을 자손들이 단기 4335년에 복원하여 다시 세웠다는 표지석이 있다.

강원도 문화재자료 제62호인 조옥현 가옥은 1820년경 건립되었다고 한다. 입구에 세워놓은 안내표지판을 보면 전면 5칸, 측면 2칸의 팔작기와지붕으로 안채는 부엌을 오른쪽에 두고 전열은 툇간, 마루 있는 안방과 상방, 뒷열은 뒷방, 도장방, 뒷상방으로 되어 있으며, 지붕과 천장사이를 비워 두어 수납공간으로 사용하도록 덧집을 세운 모양을 하고 있는 것이 특이한 점이라고 한다. 사랑채는 'ㄷ'자 형으로 'ㅣ'자 안채와 연결되어 전형적인 'ㅁ'자 배치 가옥의 특징을 보여준다고 쓰여 있다.

고택 주위에는 봄꽃이 하나둘 꽃망울을 터트리고 있었다. 산에는 생강나무가 활짝 피어 빗줄기사이로 언뜻언뜻 노란꽃빛을 비추이고, 고택주위에 흐드러지게 핀 청매화와 홍매화가 고택의 운치를 더해주었다. 장독대 옆 화단에도 노란 수선화가 봄비를 흠뻑 맞으며 화사한 자태로 객을 맞이해주었다.

고택의 안주인인 9대 종부께서 바쁜 중에도 직접 고택을 안내해 주었다. 마당에 들어서면 고택 제일 안쪽에 조상을 모시는 사우가 있고 그 앞쪽에 디딜방앗간과 헛간이 있다. 그곳을 돌아 나오면 사랑채와 마주하게 된다. 사랑채에는 '혜재서옥'이라는 현판이 있는데, 책을 좋아하는 선비가 사는 집이라는 뜻이란다. 사랑채에 달린 방은 농사일을 도와주던 전매총각이 기거했던 곳이라고 한다. 안주인이 새댁이었을 때 겪은 일을 기록한 책 '서지마을 못 밥 이야기'에 전매총각에 대한 글이 있어서 옮겨본다.

할아버지가 선군에게 전매 총각을 부탁합니다.

"지금까지 잘 돌보아 주어 이 아이가 올해 스무 살이 되었네. 앞으로도 자네들이 잘 가르쳐 주어 좋은 질꾼을 만들어 주게"

선군은 정중하게 할아버지의 말씀을 받습니다.

어머니가 지어준 새 옷으로 치장한 총각은 농사일에 찌든 티는 하나도 없습니다.

(중략)

부모를 일찍 여윈 총각은 오늘, 이분들이 한없이 든든한 조부님이고 아버지였습니다. 그리고 아침 일찍 새 옷깃을 여며주던 새댁의 어머니는 총각의 어머니이기도 했습니다.

안채에 들어서면 제일 먼저 찬간과 마주하게 된다. 집안에 큰일이 있을 때는 음식을 차리는 과방으로 사용했다고 한다. 안채 마루에는 자리를 맬 때 쓰는 고드랫돌이 있었다. 아는 농부에게 고드랫돌을 빌려주면서 왕골자리를 만들어 달라고 부탁했다고 한다. 농부의 솜씨가 보통은 아닌 듯 했다. 이제는 왕골자리를 사용하는 집이 없기에 자리를 맬 줄 아는 사람 또한 거의 없다. 이엉이나 짚신, 광주리, 멍석, 삼태기, 왕골자리 등 농경생활과 관련된 문화가 사라질 날도 얼마 남지 않은 것 같아 서글퍼진다.

입식으로 개조한 부엌에 들어가자 한 아름이 넘는 큰 독 두 개에 술이 익어가고 있었다. 부엌 찬장에는 유기그릇이 차곡차곡 정리되어 있고, 찬장 위에는 작은 상 여러 개가 있었다. 상은 생김에 따라 책상반, 일꾼상, 술상 등으로 구분하며 쓰임도 다르다고 한다. 부엌 벽에 걸려있는 바디와 광주리, 다양한 모양의 떡살을 둘러보다가 기둥에 장식해놓은 나무 거북이 한 쌍을 발견했다. 댓돌로 오르는 기단에도 돌거북이 있었고 지금은 식당 별채로 쓰이는 농막 부엌문에도 나무 거북이 있었다. 거북은 장수도 기원하고 화재를 방지하려는 벽사의 의미가 있다고 한다.

안방에는 이층장과 반닫이 등 옛 가구가 자리하고 있었다. 이층장은 8대 종부께서 시집올 때 가져온 혼수인데 아래위로 문이 네 짝이다. 그런데 문 안쪽에는 16살 어린 딸을 시집보내면서 친정아버지께서 아녀자로서 지녀야 할 거동과 마음가짐에 대해 친히 쓴 한글 글귀가 있다. 친정아버지의 글솜씨를 물려받은 것일까. 8대 종부께서 틈틈이 적은 글이 오래된 책꽂이에 여러 권 꽂혀 있었다. 한 권 꺼내어 펼쳐보니 한문과 한글을 섞어서 흐트러짐 없이 정결하게 써내려간 글씨에서 힘이 느껴진다.

그 옆방이 9대 종부께서 생활하는 공간이다. 지금은 편의상 두 칸 방을 터서 넓게 사용하고 있는데 방안에는 액자가 여러 점 걸려 있었다. 과거시험 보러 갈 때 대도호부에서 발급한 신분증명서와 문객들이 남긴 한국화, 민화인 까치호랑이도 있었다. 까치 세 마리가 앞을 응시하고 있는 호랑이 가족을 내려다보며 말을 걸고 있는 것처럼 보인다. 호랑이의 눈매가 어찌나 순해 보이는지 집에서 기르는 동물처럼 여겨진다. 문객인 자신을 박대하지 않고 대접해주는 이 댁 사람들의 눈매를 보고 그렸을 거라는 생각이 들었다.

"지금 식당으로 사용하는 곳은 예전에는 농사일을 도와주던 일꾼들의 살림집이었지요."

"일꾼이라면, 머슴을 말하는 거지요?"

"머슴이라고 말하면 안돼요. 그건 듣는 사람 입장에서는 듣기 좋은 말은 아니거든요."

일꾼들을 단순히 임금노동자로 대하지 않고 호칭 하나에도 신경을 쓰는 모습이 느껴져서 농막을 둘러보는 내내 숙연해졌다. 일꾼들을 대접해 주고, 전매총각을 아들처럼 여긴 것을 보면 집을 찾아오는 모든 사람을 가족처럼 대해주었을 것 같다. 집안의 둥그스름한 아치형 들보처럼 모나지 않은 마음으로 사람을 대해서일까? 아니면 타고난 성품일까? 안방에 걸려있는 고부사진을 보노라면 두 분 다 한없이 푸근해 보여서 내 마음도 둥글어지는 것 같았다.

처음 만나는 낯선 사람을 사적인 공간에 들인다는 것은 쉽지 않은 일이다. 그럼에도 불구하고 싫은 내색 없이 안방까지 안내해 주고, 이제 막 꽃을 피운 진달래를 따다 고운 화전을 만들어 대접해주는 모습에서 따스한 정이 느껴졌다. 사람을 일개 소모품으로 여기는 일이 비일비재한 현대사회에서 일꾼에 대한 호칭조차 함부로 하지 않는 이 댁 사람들이야말로 사람을 으뜸으로 여기며 살아간다는 생각이 들었다.

학산 마을 진사댁
- 정의윤 가옥

가을이 막바지에 이르던 날 정의윤 가옥을 방문하였다. 가톨릭 관동대학교 앞 큰길을 따라 올라가다보면 구정면에 이르러 삼거리가 나온다. 이곳에서 곁길로 빠지지 말고 앞길로 쭉 가면 마치 외갓집에 온 것 마냥 푸근함이 느껴지는 고즈넉한 시골마을이 펼쳐진다. 마을 어귀에 다다르자 가지가 휘어지도록 감을 주렁주렁 매달고 있는 감나무가 정겨움을 더하고 있었으며, 가을걷이를 끝내어 휑뎅그렁한 밭에는 김장용으로 쓰일 무와 배추가 푸르름을 뽐내고 있었다. 차가 서로 비껴가지 못할 정도로 좁아 보이는 길을 따라 안으로 들어서면 강원도 유형 문화재 제93호로 지정된 정의윤 가옥이 나온다.

한옥 담장을 따라 앙증맞게 피어있는 국화가 제일 먼저 객을 맞이해주었다. 국화향기에 취해 몇 걸음 걷다보면 이내 대문 앞에 다다른다. 좁은 길을 걸어온 탓인지 대문 앞은 제법 넓어 보였다. 마치 김홍도의 그림 '벼 타작'에 나오는 너른 터처럼 말이다. 오래 전 이곳에서 마름의 지휘 아래 소작농들과 노비들이 어우러져 벼 타작을 했을 수도 있겠다는 생각이 들었다.

정의윤 가옥은 'ㅁ' 자 배치 가옥의 전형적인 모습을 보여준다. 1894년에 안채를 먼저 짓고 1915년에 사랑채를 증축하였다고 한다. 안내표지판에 적혀있는 내용을 옮기면 다음과 같다. 안채는 정면 6칸, 측면 2칸의 팔작지붕 양식으로 부엌, 안방, 안대청, 건넌방으로 구성되어 있으며, 전면에는 물림칸과 마루가 있다. 사랑채는 사랑방, 대청, 신주를 모신 사우, 상방으로 구성되어 있으며, 들어열개에 의해 자연 냉방을 할 수 있다.

사랑채 처마 밑에는 길쭉하게 생긴 쇠붙이 장식이 있는데, 문을 열어서 거는 도구이다. 쇠붙이 끝부분이 동그스름하면서 안으로 말려 들어간 모양새가 구스타프 클림트의 작품 '생명의 나무'에서 본 나뭇가지를 닮았다.

대문의 왼편에는 훈장이 자녀들과 함께 생활하면서 교육을 시킨 사랑방이 있다. 원래 사랑채 앞에는 솟을대문을 중심으로 곳간, 마구간, 외양간, 문간방 등 행랑채가 일렬로 배치되어 있었으며 안채 부엌에는 찬간이 있어 행랑채 딸린 'ㅁ' 자 배치였으나 한국전쟁 때 폭탄을 맞아서 소실되었다고 한다.

2000년에 강원도 문화재로 지정되면서 행랑채를 복원하였으나 구들을 제대로 놓지 않았는지 아궁이에 군불을 오랫동안 지펴도 추워서 잠을 잘 수 없을 지경이라고 한다. 현재 고등학교 음악 교사로 재직 중인 정의윤 선생의 딸이 제자들에게 한옥체험을 시켜주기 위해서 하룻밤 머물게 했는데, 아파트 생활에 익숙한 아이들이라서 그런지는 몰라도 추워서 잠을 잘 수가 없다고 했단다. 그리고 한옥 특성상 방범시설이 제대로 안 되어 있는 점을 노린 좀도둑들에 의해 기와, 문갑, 맷돌, 화로, 벼루 등 오래된 물건들을 도둑맞기도 했다고 한다.

안채 마당에 들어서면 굴뚝 옆으로 작은 정원이 나온다. 그곳에도 노란색, 보라색, 자주색 국화꽃이 서로 어우러져 한옥의 아름다움을 더해 주었다. 한 옆에는 현대식 수도시설이 되어 있는데 비해, 비나 눈이 와서 땅이 질어지면 불편하련만 마당은 잔디조차 깔지 않은 흙 마당이었다. 대신 걸음걸이 폭에 맞게 넓작한 돌을 깔아놓았다. 그 디딤돌이 한옥과 잘 어울렸다.

안채 구경을 마친 뒤 사랑채 옆에 있는 좁은 문을 열고 집 뒤로 나가보았다. 뒷산 아래로 대숲이 우거져 있었다. 집 뒤로 빙 둘러선 군자봉과 집 앞의 너른 들판이 마치 가옥의 일부인 듯 자연스러움을 더한다. 푸른 숲을 바라보기만 해도 가슴이 뻥 뚫리는 듯했다.

이런 자연환경을 닮아서일까? 정의윤 선생은 집안 대대로 내려오던 고서와 고문서를 2003년 강원대학교에 기증하였다. 문화재로서 가치가 높은 것을 알면서도 제대로 관리도 못 하면서 돈으로 흥정하는 사람들이 많은 세상인데, 그는 아무 대가 없이 학문연구에 도움이 될 수 있도록 기증한 것이다. 중등학교 교장과 교육 연수원장, 강원도 문화재 위원 등을 역임한 정의윤 선생은 문화재를 아끼고 사랑하셨던 분인 것 같다. 정몽주의 후손인 영일정씨 포은공파 가문답게 그의 부친 또한 관인보다는 학자나 예술가로 유명하였다고 한다. 택호가 진사댁인 것만 보아도 학문을 중하게 여기는 집안인 것을 짐작할 수 있다. 지금은 선생의 막내딸이 교사로서 학자 집안의 명맥을 이어가며 어머니와 함께 가옥을 지키고 있다.

집 안팎을 둘러보면서 지은 지 백년이 넘은 집을 거두는 일이 결코 쉽지 않으리라는 생각이 들었다.

"눈이 많이 내리면 출근하기 힘드시겠어요?"

"그렇지요. 그런데 그것보다는 눈 무게를 이기지 못하여 지붕이 내려앉는 등 문화재가 훼손될까봐 더 걱정이지요."

문화재를 소중히 여기는 마음이 고스란히 느껴지는 대답이었다.

집을 관리해주는 사람도 두지 않고 두 식구가 이 넓은 집을 갈무리하며 살기에는 역부족일 것이다. 하지만 조상이 물려준 한옥에 대한 자부심을 원동력으로 불편함을 감수하고 있는지도 모른다. 문화재를 알뜰살뜰 보살피는 모녀가 가지가 휘어지도록 열매를 매달고 있는 담장 옆의 감나무처럼 아름찬 인생의 열매를 수확할 수 있기를 기원하면서 대문을 향했다. 대문을 나서는 순간 어디선가 글 읽는 선비의 낭랑한 소리가 들리는 것만 같아서 뒤돌아보니 활짝 열어놓은 대문만이 객을 배웅하고 있었다.

열두 대문 집
- 강릉 김윤기 고택

햇살 밝은 날 고택을 찾아 길을 나섰다. 강릉 남대천을 가로지르는 다리를 건넌 뒤 병무청이 보이는 곳에서 오른쪽 길로 접어들면 작은 언덕길이 나온다. 그 길을 내려서면 이층 양옥집과 단층집이 조화를 이루며 옹기종기 모여 앉은 고즈넉한 마을이 나온다.

노가니골, 이 지역을 일컫는 옛 지명이다. 그래서 이 길의 이름도 노가니길인가 보다. 차량 통행도 뜸한 언덕길을 반쯤 내려와 주위를 둘러보면 오른쪽으로 소나무가 빽빽하게 들어찬 아담한 산이 보이고, 그 산을 병풍처럼 두르고 자리한 옛집이 보인다. 열두 대문 집으로 불리는 김윤기 고택이다. 이 집은 70칸이 넘는데 강릉에서는 선교장 다음가는 큰 집으로, 1985년 1월 17일 강원도문화재자료 제58호로 지정되었다. 정조 때 왕의 총애를 업고 세도정치를 하려다가 강릉으로 유배를 온 홍국영이 머물렀던 집으로 더 많이 알려져 있다.

이 집은 솟을대문을 중심으로 양옆으로 곳간과 행랑방, 지금은 방으로 개조한 마구간이 一자형으로 늘어서 있다. 대문간채이다. 대문을 들어서려는데 정원이 눈길을 사로잡는다. 이제 막 꽃망울을 터뜨리기 시작한 영산홍과 피처럼 붉은 꽃을 활짝 피운 명자나무, 때를 기다리고 있는 모란, 해당화 등 갖가지 꽃나무가 여러가지 모양의 돌과 어우러져 자태를 뽐내고 있다. 그런데 그 뒤편 야산에 우뚝 서 있는 향나무가 눈에 들어온다. 높이 14m, 수관 직경이 9m, 나무둘레가 250cm나 되는 정자목(亭子木)으로 360년이나 된 나무라고 한다. 보호수로 지정된 이 나무는 용 모양을 하고 있다고 하여 용트림 나무라고도 부르는데, 조선 정조 때 홍국영이 퇴관 후 머문 곳이라는 글귀가 푯말에 적혀있었다.

이 집의 본채는 ㅁ자형이다. 안채를 중심으로 오른쪽에 사랑채, 왼쪽에 찬방이 있고 찬방 옆에 동별당이 있다. 동별당은 결혼한 자녀들이 분가하기 전 1~2년 동안 머물며 가풍을 익히던 곳이라고 한다. 찬방과 이어져 있는 동별당 마당의 장독대에는 크고 작은 항아리들이 그득하니 들어앉아 봄볕을 쬐고 있었다. 빼곡하게 들어찬 항아리만 보아도 규모가 얼마나 큰 집인지 짐작할 만했다. 마당에서 올려다본 찬방은 지붕이 무척 높았다.

찬방을 지나 안채 마당으로 들어섰다. 안마당에도 작은 정원이 있었다. 집안 어느 곳에서나 꽃과 나무를 즐겨볼 수 있으니 참 좋겠다는 생각이 들었다. 정원 옆에 있는 작은 돌절구는 지금도 메주를 찧는 등 먹거리를 장만하는 데 사용하고 있다고 한다. 안채는 정면 6칸, 측면 2칸의 겹집으로 되어 있다. 거실로 사용하는 마루 2칸을 사이에 두고 할아버지가 사용하는 방과 할머니가 사용하는 방이 마주 보고 있다. 할머니 방 벽장을 열면 다락으로 올라가는 계단이 나오는데 다락 안에 또 하나의 다락이 있는 구조로 되어있다. 다락은 찬방 위에 올라앉아 있었다. 그래서 찬방 지붕이 그렇게 높아 보였나 보다. 천장이 피라미드처럼 뾰족하게 솟아 있어서 여름날에도 다락에 올라가면 선선하다고 했다. 다락에도 창문이 있어서 창을 열면 동별당 마당이 내려다보인다.

할아버지가 사용하는 방의 뒷방에는 조상의 위패를 모셔놓은 방이 있다. 독립된 공간에 사당을 마련하지 않고 안채에 달린 방을 사당으로 사용하고 있는 점이 특이했다. 숨바꼭질할 때 벽장이나 다락에 숨으면 제격이겠다는 생각을 하며 거실로 나오니 화려한 상

들리에가 반겨준다. 찬방에서 보았던 식탁만큼이나 한옥과는 어울리지 않는 기물이지만, 집은 남에게 보여주기 위함보다는 생활하기에 편리한 것이 우선이니 옛 것만을 고집할 수는 없지 않은가.

집안의 기물도 삶의 일부분이라는 생각을 하면서 행랑채로 향했다. 행랑채는 안채와 마주 보고 있지만 안채보다는 조금 내려앉은 곳에 자리하고 있다. 행랑채 앞에는 좁은 수로가 있다. 빗물이 수로를 통해 바로 빠지니까 마당이 질퍽해지는 일이 없어서 좋을 것 같았다. 며칠 동안 봄비가 내려서 습한 기운이 서려 있는 탓인지 안채로 올라가는 기단의 그늘진 곳은 이끼가 파릇하게 자라고 있었다. 행랑채는 광 3칸과 방으로 되어 있는데, 35년 동안 집안 살림을 돕던 아주머니가 기거하던 방이라고 한다. 그런데 다른 방과는 달리 여닫이문을 열자 미닫이문이 하나 더 있는 이중문으로 되어 있다. 볕이 잘 안 드는 방이라 추위를 막기 위해서 이중문으로 만들었을까. 행랑채를 지나면 사랑채로 통하는 문이 나온다. 미로처럼 된 집안은 공간과 공간을 연결하는 문이 정말 많다. 그래서 열두 대문집이라고 하는가 보다.

사랑채는 손님맞이용으로 꾸며져 있었다. 현대식 욕실과 침대방, 응접실로 되어있는데, 요즘은 외국인 손님이 묵어가는 장소로 사용하고 있다고 한다. 방문을 열어젖히면 정원이 꾸며진 사랑마당이 펼쳐진다. 방문 앞에 있는 툇마루에 걸터앉아서 시원한 바람에 실려 오는 꽃향기를 맡으며 마음 맞는 사람과 이야기를 나누면 좋을 것 같다. 마당에는 홍국영이 심었다고 전해지는 배롱나무가 세월의 풍파를 맞으며 오롯이 서 있다. 지지대로 나뭇가지를 받쳐 놓았는데, 다른 나무들보다 늦게 잎이 피는지라 밴들밴들한 빈 몸으로 서 있는 모습이 마치 죽은 나무처럼 보인다.

사랑채를 나와서 뒤 곁으로 향했다. 축대를 따라 걷고 있을 때 바람에 실려 온 솔향기가 코끝을 스치고 지나간다. 봄기운에 취한 새는 높은 소리로 지저귀며 대숲으로 날아간다. 축대 위 풀밭에는 노란색과 하얀색의 민들레가 소박하게 피어있다. 풀 한 포기, 꽃 한 송이, 돌멩이 하나조차 이 집의 일부분처럼 자연스러워 보인다. 집안일을 돕는 할아버지 말씀으로는 텃밭을 일구다보면 같은 재질의 돌멩이가 나오는 걸로 보아 이 집터에서 나온 돌로 축대를 쌓은 것 같다고 했다. 안채 바로 뒤에는 석빙고라고 불리는 김치 저장고가 있다. 이곳은 한여름에도 서늘하여 김치 맛이 변하지 않는다고 한다.

나처럼 호기심을 갖고 찾아오는 방문객들이 많아서 귀찮고 성가실 만도 하건만 집주인 내외분은 친지를 대하듯 웃음 띤 얼굴로 반겨주었다. 그리고 집안일을 돕는 할아버지도 안내를 자처하며 집안 곳곳을 보여주었다. 방문객을 살갑게 대해주는 그늘의 푸근한 마음은 자연과 어우러진 집에서 살면서 몸에 밴 가풍인 것 같았다.

대문을 벗어나 몇 걸음 걷다가 뒤돌아보니 싱그러운 자태를 뽐내고 있는 아름드리 벚나무가 눈에 들어온다. 등불처럼 환하게 꽃등을 밝힌 벚꽃이 푸른 소나무와 대조를 이루며 도드라져 보인다. 햇살이 밝은 날이라서 그런지 활짝 핀 벚꽃이 더없이 화사하게 느껴졌다. 열두 대문집 사람들의 마음처럼.

모학당
- 남진용 가옥

강원도 강릉시 담산동 313번지, 강원도 문화재자료 제60호인 남진용 가옥을 방문하였다. 집 앞에 세워놓은 안내판을 보면 택호는 '찰방집'으로 200년 전에 건립하였다고 전해지는데, 안채수리 중 상량문 발견으로 1818년에 건축되었음을 알게 되었다고 한다. 그 때의 상량문은 지금도 부엌채 나무판벽 옆에 디딜방아와 함께 보관하고 있었다. 가옥의 유래와 건축구조에 대한 설명을 적어놓은 안내판 옆에 모학당이라는 안내판이 하나 더 있었다. 현재 주인인 김종래 강원풍수문화 연구소 소장께서 이 가옥이 건립된 시기가 인조반정 직후임을 밝힌 후 그 내용을 적어놓은 것이다.

2000년, 풍수 지리적으로 강릉의 8명당 중 하나라는 이 가옥을 매입하면서 당주가 된 그는 이 집이 '찰방댁' 이외에도 '기장댁'으로 불리는 것에 의문을 갖고 직접 기장군에 전화를 걸었다고 한다. 그 결과 이 가옥은 1636년에 기장현감을 지낸 김득헌이 1624년(인조 2년)에 창건한 이후 1818년(순조 18년 3월 5일)에 중건하였다는 가옥의 역사를 밝히게 되었다. 원래 당주인 김득헌은 기장현감을 지내던 중 모친상을 당하여 일 년여 만에 낙향하였다고 한다. 그러다가 남진용 씨의 고조부인 남석이 새 주인이 되면서, 그가 역참 일을 맡아보던 찰방 벼슬을 했기 때문에 '찰방댁'이라는 새로운 택호가 붙여진 것이다.

이 가옥의 구조는 ㅁ자형이다. 계단을 올라가면 솟을대문과 마주하게 된다. 그런데 그 대문 옆 기둥은 민흘림기둥으로 건축에 조예가 깊은 사람이 아니라면 거의 느낄 수 없을 정도인데, 대문간을 보수하던 목수가 알려준 사실이라고 한다. 우리나라 목조건축의 기둥은 민흘림기둥, 배흘림기둥, 원통기둥의 3가지 모양이 있는데, 민흘림기둥은 둥근기둥에 많이 사용한다고 한다. 그런데 이 가옥은 사각기둥임에도 기둥뿌리보다 기둥머리가 약간 작게 마름된 민흘림기둥이있다.

대문을 중심으로 한 행랑채는 광, 마구간, 머슴이 기거했음직한 방과 부엌으로 이루어져 있었다. 전면에 우물마루의 툇간으로 되어있는 사랑채는 마루방으로 되어 있는데, 현재는 서재로 사용하고 있다. 삼십 도를 웃도는 날씨에도 통풍이 잘되어서 그런지 마루에 올라서자 시원함이 느껴졌다. 안채에 들어서자 화가이면서 서예가인 안주인의 작품이 벽 곳곳에 걸려 있어서 고택의 운치를 더해주었다. 안채에 달린 부엌채 옆으로 광과 마구간, 방앗간이 있는데, 지금은 광만 사용하고 있다. 방앗간에서 사용하던 디딜방아는 방아공이를 매단 채 부엌채 뒤에 놓여있고, 돌확과 방아공이 다섯 개는 사랑채 옆 풀밭에 놓여있었다. 세 군데나 확이 있는 너른 돌은 국기게양대로 쓸 요량으로 집 앞 담에 기대놓았는데, 지나가는 사람들마다 구멍 세 개 때문에 괴물형상으로 보인다고 무서워해서 결국 콘크리트로 구멍을 모두 메꿨다고 한다.

내가 어렸을 때 우리 동네에는 디딜방아가 하나 밖에 없었다. 그래서 고추나 곡식, 떡쌀을 찧어야할 때면 아침 일찍 가야만 했다. 조금이라도 늑장을 부리다보면 순서를 한참 기다려야했기 때문이다. 간혹 혼자 오는 아주머니들도 있었는데, 그럴 때면 방아를 다 찧었어도 집에 갈 수가 없었다. 엄마는 그 분들을 도와주라며 초등학생인 언니와 내게 방아다리를 밟게 했다. 그럴 때마다 자기 자식은 일을 시키지 않으려고 데려오지 않은 그 아주머니들이 미워서 입을 삐 밀고 방아를 찧었던 기억이 난다. 방아공이 다섯 개가 닳기까지 얼마나 오랜 시간, 얼마나 많은 사람들이 방아를 찧었을까. 어쩌면 나처럼 억울해하면서 방아다리를 밟은 아이도 있었을 거라는 생각이 들자 슬며시 웃음이 나왔다.

부엌 뒷마당에는 두레박을 던져서 물을 길어야 하는 깊은 우물이 하나 있었다. 수위가 6미터 정도 되는데, 아무리 가물어도 물은 50센티미터 정도만 줄어든다고 한다. 지금은 집집마다 수도시설이 잘 되어 있어서 사용하지 않지만, 예전에는 마을사람들이 모두 사용하던 우물이라고 한다. 그 때는 우물 옆으로는 담이 없었다고 한다. 누구든지 마음 편히 물을 길어갈 수 있도록 배려하는 주인의 마음자리가 느껴졌다.

처음 이사 왔을 때만 해도 집 관리를 제대로 하지 않아서 뒷산 덕우봉에서 내려온 산죽이 뒷마당까지 차지하고 있었다고 한다. 담도 거의 허물어져 3미터 정도 형체만 남아있었는데, 2002년 강릉지방에 엄청난 피해를 입힌 태풍 '루사'때 담이 다 무너지고 뿌리째 뽑힌 나무들과 토사가 뒤채까지 쓸려 내려왔다고 한다. 지금은 돌담을 쌓고 잡목을 제거하여 자연재해가 온다 해도 고택을 위협할만한 요소는 없어보였다.

고택을 둘러보면서 재물도 인연이 맞아야 된다는 생각이 들었다. 직전의 주인은 마당은 물론 사랑채 돌 틈과 댓돌, 심지어는 지붕에서까지 내려오는 뱀 때문에 도저히 살 수가 없어서 이사를 했다고 한다. 그 정도면 침소에까지 뱀이 기어 들어와 뱀을 덮고 잠을 잔다는 소문의 주인공이 된 신라 경문왕이 따로 없다는 생각이 들었다. 그런데 지금 당주는 뱀이 꼬이지 않게 하기 위해서 뱀의 먹이인 쥐와 개구리가 살 수 없도록 광을 비우고 닭을 기르기 시작했다고 한다. 그랬더니 풀밭이어도 마당에 뱀이 들어오는 일은 없다고 한다. 문화재로 등록된 고택에서 생활하는 것이 불편할 법도 한데 현재 생활에 매우 만족하신다고 말씀하는 김종래 소장님은 이 가옥과 좋은 인연임에 틀림없는 것 같다.

이번 남진용 가옥 취재는 강릉시종합자원봉사센터 조남환 이사장께서 도와주셔서 가능했다. 바쁜 일정에도 불구하고 더운 날씨에 선뜻 길안내를 해주신 이사장님은 내게 있어 좋은 인연임에 틀림없다. 도움을 받을 때마다 누가 되지 않도록 열심히 해야겠다고 마음을 다잡는다. 고택 취재에 도움을 주는 이사장님도 그렇고, 고택을 갈무리하며 생활하는 당주도 그렇고, 고택을 아끼고 사랑하는 사람들은 선조들의 지혜를 닮아서 그런지 나 자신보다는 남을 먼저 생각하는 너그럽고 풍요로운 마음씨를 지녔다는 생각이 들었다.

복사꽃 핀 마을
- 최선평 가옥

최선평 가옥이 있는 주문진 장덕리는 복사꽃축제로 유명하다. 시조시인 이호우의 '살구꽃 핀 마을은 어디나 고향 같다'는 시조구절을 '복사꽃 핀 마을은 어디나 고향 같다'로 바꾸어도 전혀 어색하지 않은 것처럼 살구꽃과 복사꽃은 언제나 정겹게 느껴진다. 온누리에 봄기운이 깃들면 연분홍 살구꽃이 여기저기서 꽃등을 밝힌다. 그 꽃이 지고 나면 이내 진분홍색 복사꽃이 해사한 꽃등을 밝힌다. 몇 해 전 꽃구경을 나선 적이 있는데, 길 따라 화사하게 피어있는 복사꽃빛살에 취해 고택 앞을 그냥 지나쳤었다. 솔직히 그곳에 고택이 있는 줄도 몰랐다. 뜨개교실 선생님의 소개로 고택을 찾아 나섰을 때에야 비로소 몇 해 전 꽃구경을 하며 지나갔던 길임을 알 수 있었다.

최선평가옥은 조선후기에 세워진 전통가옥으로 도로 바로 옆에 자리하고 있다. 대문 앞에 세워놓은 고택에 대한 안내표지판을 보면 최선평가옥은 강원도문화재자료 제81호로 1870년경에 건립되었다고 전해지며, 안채와 사랑채, 곳간채가 'ㅁ'자로 배치되어 있다. 사랑채는 팔작기와지붕으로 사분합세살문이 있는 대청마루를 중심으로 사랑방, 행랑방이 직각으로 이어지고 있다. 사랑방에는 개폐가 가능한 환기창을 두어 겨울에는 환기를 하고 여름에는 자연 통풍을 유도하여 쾌적한 실내생활을 할 수 있게 하였다. 도리에 장여가 있어 처마를 높이고 있으며 측면은 풍판을 달아 풍우를 막는 것과 함께 멋스러움을 더해주고 있다. 안채는 전면 4칸, 측면 2칸의 팔작기와지붕이며, 부엌에 이어서 곳간채가 있다. 중정 안마당은 각 방에서 편리하게 접근할 수 있도록 설계하여 생활의 편의를 도모하고 있다.

대문을 들어서면 먼저 사랑채와 마주하게 된다. 사랑채 기단 돌틈을 비집고 올라온 봄꽃과 풀, 댓돌 옆에 기대어 해바라기를 하고 있는 흙 묻은 장화 세 켤레가 고택의 일부분처럼 자연스러워 보인다. 담장 밖으로 고개를 내밀며 탐스럽게 피어있는 모란이 은

은한 향기를 내뿜으며 객을 반겨주었다.

"계세요?"

사랑채 앞에서 인기척을 내며 몇 번 불러보았으나 대답이 없다. 두리번거리며 안채 뒷마당으로 돌아가 보니 작은 채마밭이 나왔다. 고추와 토마토 모종이 심어져 있고, 부지갱이나물, 방풍, 미나리, 돌나물, 명이나물 등 요즘 밥상에 올릴만한 나물이 지천이다. 다시 돌아 나와 빠끔히 벌어진 대문을 향해 인기척을 냈더니 안주인이 나오는 모습이 보인다. 대문을 밀치고 안마당으로 들어섰다. 봄볕이 좋아 안채마루에 올라앉아 이런저런 이야기를 나누고 있을 때 때마침 들어오신 최선평 당주가 집안 이야기를 들려주었다.

이 가옥은 당주의 증조부 때 지었다고 한다. 증조부는 한학자셨는데, 한학과 관련된 유품은 지금 전해지는 것이 하나도 없다고 했다. 한국전쟁 때 약 3년간 중대본부가 이곳에 주둔하게 되어 집을 비워주었는데 그 때 증조부의 서예작품이나 고서 등이 모두 사라졌다고 한다. 증조부가 쓰시던 목침이 유일한 유품이라고 했다. 목침은 자연무늬를 그대로 살려서 만든 것으로 일곱 가지 나무로 장식을 하였는데, 장식으로 꾸민 나무는 세월에 하나둘 빠져버리고 몸체만 남아있었다. 증조부의 손때가 묻은 목침은 지금도 곁에 두고 쓰신다고 한다.

안마당에는 흰민들레가 카펫처럼 깔려있고, 여기저기에 돌나물, 개양귀비, 작약, 하늘매발톱이 싱그러움을 뽐내고 있었다. 반닫이와 함지박, 맷돌, 홍두깨, 벽에 걸어놓은 키 등 다른 사람들 같으면 손탈까봐 꽁꽁 싸매어 놓았을 법한 옛 물건들을 내어놓고 쓰는 것을 보면서 자연의 일부분처럼 소박하게 사는 주인내외의 마음이 느껴졌다.

마루에서 건너다보니 사랑채 지붕이 한눈에 들어온다. 1995년에 지붕이 너무 낡아서 개량을 했는데, 용마루 부분만 예전 기와를 그대로 사용했다고 한다. 고택안내표지판도 삼십 년이 넘는 세월 동안 녹이 나서 불그죽죽해진 것처럼 기와도 백여 년이 넘는 세월을 견디기는 쉽지 않았을 것이다. 안채 처마 밑에는 제비집이 4개나 있었다. 집이 넓으니 제비들끼리 이웃을 이루고 사나보다.

안주인께서 과일과 곶감, 음료수를 내왔다. 곶감은 영동지방에서만 재배되는 동철감으로 만든 것이라고 한다. 주황빛을 띠는 곶감은 쫀득쫀득하면서 달았다. 80년대에 농협조합장을 지낸 당주는 감나무 과수원을 하는데 단감나무와 동철감나무가 약 300주 정도 된다고 했다.

곶감을 보니 피곤한 몸으로 감을 깎느라 꾸벅꾸벅 졸던 엄마 모습이 떠오른다. 그렇게 깎은 감을 싸리나무 꼬챙이에 끼운 후

새끼줄에 걸어서 볕이 잘 드는 처마 밑에 매달아 놓았다. 장에 내다 팔아 한 푼이라도 마련해야 되는 걸 알기에 주판알처럼 가지런하게 걸어놓은 곶감 앞을 지날 때면 눈을 꾹 감았다. 홍시는 마음껏 먹어서 그런지 먹고 싶은 생각이 안 드는데 곶감만 보면 욕심을 부리게 된다. 어린 시절 양껏 먹지 못했기에 결핍으로 자리하고 있다가 식탐으로 돌변하는 걸까?

요즘은 감 깎는 기계가 있어서 곶감 만드는 일이 예전에 비해 쉽기는 하지만 감농사는 품이 많이 드는 일이다. 강릉감연구회에서 '강릉 新사임당 곶감'이라는 브랜드로 강릉 곶감을 홍보하는 등 판로를 개척하고 있으나 지난가을에 만들어놓은 곶감을 다 팔지는 못했다고 한다. 지인들에게 선물하기 위해 곶감을 조금 샀다. 한 손에는 곶감을, 다른 손에는 안주인께서 채마밭에서 뜯어준 부지갱이나물을 들고 고택을 나섰다.

뒷산 소나무 숲에서 멧비둘기 울음소리가 들려오고 풀숲에서는 맹꽁이 소리가 들려왔다. 그 울음소리가 정글 같은 세상살이에 욕심을 부리지 않고 자연과 벗하며 사는 당주 내외분과 그분들의 보금자리인 고택과 퍽 어울린다는 생각이 들었다. 발걸음을 옮기는데 마치 친정집에라도 다녀온 것처럼 흐뭇하면서도 한편으로는 복사꽃이 진 자리처럼 허전함이 느껴졌다.

3부

그리운 삽당령

모정탑

노추산 계곡에 접어들자 돌로 이루어진 세상이 펼쳐졌다. 오솔길 옆으로 흐르는 계곡에도 돌이 지천으로 널려있다. 물길에 몸을 맡긴 세월만큼 순하게 다듬어진 바위, 몸이 쪼개어지는 아픔을 간직한 채 골짜기의 일부가 되어 버린 바위, 누름돌로 안성맞춤인 납작한 돌, 길 위를 구르는 자갈돌 등 각양각색의 돌이 친근하게 다가왔다.

돌은 인류와 함께해온 동반자이다. 오랜 옛날에는 사냥도구나 농기구, 생활용구로 쓰였고, 고인돌이라는 거대한 무덤을 만드는 데도 쓰였다. 또한 돌은 어린이들의 놀이도구로도 쓰였다. 돌만 있으면 공기놀이, 비사치기, 땅따먹기를 하며 시간가는 줄 모르고 즐겁게 놀 수 있었다.

돌은 신령스러운 힘을 지니고 있다. 옛날 사람들은 성황당이나 마을을 지키는 신목을 지날 때면 돌을 올려놓고 소원을 빌기도 했다. 지나는 사람마다 하나 둘 돌을 올려놓다보면 자연스럽게 돌탑이 만들어졌다. 부처님의 무덤이라고 하는 탑도 대부분 돌로 만든다. 석공이 혼신의 힘을 다해 만든 탑이 대웅전 앞에 자리하면 사람들은 탑돌이를 하면서 저마다 소원을 빌었다. 이처럼 돌은 우리 삶 깊숙이 자리하고 있다.

돌에 대하여 이런저런 생각을 하며 걷다 보니 돌탑이 하나 둘 보이기 시작했다. 골짜기에 자리한 돌탑들이 아기자기해 보인다. 사람의 손을 타지 않은 곳이라서 그런지 나무그늘마다 고사리가 초록색 잎을 활짝 펼치고 있다. 그 뒤로 새색시처럼 고운 산목련이 해사한 웃음을 머금고 피어 있다. 돌탑과 어우러진 모습이 청초해 보인다.

초여름인데도 불구하고 서늘한 기운이 느껴지는 계곡을 따라 1~2m 높이의 돌탑이 쭉 늘어서 있다. 서로 맞물려 쌓은 탑이 작은 성처럼 보인다. 나지막한 돌무더기 꼭대기에 길쭉한 돌을 세워 놓았는데 이 돌로 서로 다른 탑임을 짐작할 수 있다. 이 돌은 탑을 구분해주는 이정표인 셈이다.

계곡에 있는 탑은 전부 3500여 개라고 한다. 강릉에 살던 차옥순 씨가 1986년부터 왕산면 노추산 계곡에 들어와 쌓은 것으로, 68세의 나이로 돌아가시기 전까지 25년간 쌓은 것이라고 한다. 구들을 놓은 움막, 그 앞에 놓여있는 녹 슬은 삽, 땔감으로 마련해 둔 장작더미, 작은 웅덩이 가림막에 꽂아둔 빛바랜 빨간 머리빗, 주방으로 쓰였음직한 곳에 포개놓은 커다란 대야와 바구니가 주인을 잃은 채 움막을 지키고 있었다.

산짐승들이 활개를 치고 다닐만한 깊은 산골짜기에서 여자 혼자 몸으로 생활하며 오로지 탑 쌓는 일에 몰두한다는 것은 아무나 할 수 있는 일은 아니다. 그 긴 시간 동안 가정의 평안을 기원하면서 탑을 쌓은 집념과 의지에 숙연해진다. 기계의 힘을 빌리지 않고 계곡에서 돌을 캐어 길 위로 나르고 탑을 쌓다보면 상처가 가실 날이 없었으리라. 때로는 온몸의 뼈가 으스러지는 아픔도 느꼈겠지.

다리나 뻗을 수 있을까? 밤이면 좁은 움막에 몸을 누이고 피로를 달래다가, 해가 뜨면 탑 쌓는 일을 25년이나 계속한 그녀의 간질한 소망은 무엇이있을까? 꿈에서 산신령이 일러준 골짜기를 찾아와 오랜 시간 동안 침묵하면서 돌 하나하나에 생명을 불어넣으며 소망을 이루려고 한 여인의 마음이 신비스럽게 느껴진다.

돌탑을 둘러보다보니 꼭대기 돌에 출생연월일로 보이는 숫자를 적어놓은 탑을 더러 발견할 수 있었다. 움막 주변에는 황 씨 성을 가진 이름을 적어놓은 탑도 여럿 보인다. 어쩌면 자식들 이름일 수도 있겠다는 생각이 들었다. 사십대 초반의 여인이 인적 없는 산속으로 들어와 흰머리 성성한 노인이 될 때까지 쌓은 탑은 그녀의 눈물과 아픔과 한으로 이루어진 것이다.

할머니는 소문을 듣고 찾아온 사람들의 부탁으로 탑을 대신 쌓아주기도 했다고 한다. 지극히 개인적인 일에서 탑을 쌓기 시작했으나 나중에는 타인의 건강과 평안을 기원하면서 탑을 쌓은 것이다. 그녀는 돌탑을 통해 베풂을 실천하였다.

사람들은 누구나 자신의 꿈을 이루고 싶어 한다. 그 꿈을 이루기 위해 저마다 피나는 노력을 하지만, 때로는 종교의 힘을 빌리기도 한다. 그 일이 자식을 위한 일일 때는 좀 더 필사적으로 매달리게 된다.

수능 시험일에 절에 간 적이 있다. 아이를 시험장에 보내놓고 절을 찾았는데, 이미 법당은 발 디딜 틈이 없었다. 그 많은 사람들 중에서 유독 눈에 띄는 여인이 있었다. 그녀는 아이의 사진을 붙이고 그 옆에 소원문구를 적은 종이를 꺼내놓고 땀범벅이 된 얼굴로 끝없이 절을 하고 있었다. 쏙 움켜쥔 긴 염주로 보아서 아마도 삼천배를 하려는 것 같았다. 그녀가 일어설 때마다 무릎이 꺾일 것처럼 위태로워 보였지만 자식을 위해서라면 뭐든지 하겠다는 간절한 마음이 느껴졌다.

깊은 골짜기에 들어와 긴 세월 동안 홀로 돌탑을 쌓은 여인의 마음도 삼천배를 하던 여인의 마음과 같은 것이었으리라. 그녀는 돌 하나하나에 그녀의 모든 것을 불어넣은 것이다. 우리들 눈에는 계곡에 굴러다니는 돌을 쌓아서 만든 탑에 불과하지만 그녀는 돌 하나하나에 혼을 불어넣으며 탑을 쌓았으리라.

노추산 골짜기에 자리한 돌탑은 어머니의 지극한 사랑의 결실이다. 돌탑과 마주하니 그녀의 숨결이 느껴지는 듯했다. 바람 한 줄기가 불어와 더위를 식혀준다. 아마도 모정탑을 찾은 사람에게만 주는 그녀의 특별한 선물인가보다.

전국노래자랑

"따라라~라라랄라~랄라라~라라라라~랄~라~"

흥겨운 음악 소리에 맞춰 무대로 나온 송 해 선생님이 '전국노래자랑'을 우렁차게 외친다. 이어서 만면에 웃음을 띤 관객들이 하나같이 행복에 겨운 모습으로 환호하며 박수를 친다. 매주 일요일 낮 12시 10분이면 볼 수 있는 광경이다. 전국노래자랑은 1980년 11월 9일에 시작한 이래로 35년이나 이어온 장수프로그램이다.

2015년 5월 10일 오후 1시, 강릉시청 대강당에서 전국노래자랑 예심이 있었다. 혼자 가기 쑥스러워서 망설이다가 이십 분쯤 늦게 도착했는데, 이미 이면도로까지 차들로 꽉 차 있었다. 다른 행사도 있는 걸까? 의아해하면서 간신히 주차를 하고 예심장소로 바삐 걸어가고 있을 때 눈시울이 붉어진 여인이 내 곁을 스쳐지나갔다. 얼마나 슬픈 일이 있기에 울면서 가는 걸까? 그나저나 녹화방송도 아니고 예심이라서 구경꾼들이 조금밖에 없으면 어쩌지? 별별 생각을 하면서 예심장소로 들어갔다.

그런데 눈앞에 펼쳐진 광경에 놀라고 말았다. 앉을 자리가 없어서 서 있는 사람들, 계단에 앉아서 구경하는 사람들로 가득했기 때문이다. 전국 노래자랑의 인기를 실감할 수 있었다. 관객들은 대부분 어르신들이었다. 참가자를 응원하러 온 가족이나 친구들, 직장 동료들도 있고, 전국노래자랑이 좋아서 구경삼아 온 사람들도 많았다.

전국노래자랑은 돌아가신 시어머님이 좋아하던 프로그램이다. 시어머님은 드라마는 시끄럽기만 하다면서 TV를 아예 보지 않으셨다. 그런데 일요일 12시만 되면 전국노래자랑을 틀어달라고 하셨다. TV를 즐겨보지 않던 친정어머니도 몇 년 전부터 꼭 챙겨보신다고 한다. 한 장면이라도 놓치지 않기 위해서 일요일에는 이른 점심을 드신다고 했다. TV를 싫어하던 사람들까지 열성팬으로 만드는 이 프로그램의 매력은 무엇일까?

1차 예심은 무반주로 진행되었다. 심사위원은 두 명인데 그들이 '수고하셨습니다.'라고 말하면 불합격이다. 불합격된 사람들은 몹시 실망한 듯 급하게 무대를 내려갔다. 주차장에서 보았던 여인도 불합격의 충격 때문에 눈물을 흘렸나보다. 1차 예심을 통과한 사람에게는 합격증을 내주었다. 참가자들은 1차 관문을 통과하기 위해 최선을 다해서 열창을 하였다. 하지만 제멋에 겨워서 부르거나, 노래실력이 괜찮다고 해도 지나치게 경직된 자세로 부르거나 대중성이 없는 노래를 불러 관객의 반응이 썰렁하면 불합격이었다.

우산이나 선글라스, 미키마우스 머리띠, 삿갓, 꽹과리, 추억의 동동구리무 등 소품을 이용하여 관심을 끌려고 하는 참가자도 있었고, 반짝이 옷, 삐에로 복장, 직장을 상징하는 캐릭터 분장을 한 사람들도 있었다. "합격해야 결혼해요.", "분유 값 벌려고 왔어요.", "집사람이 상품권 받아오라고 했어요.", "김밥 준다고 해서 왔어요." 등 인사멘트도 갖가지였다. 그들을 보면서 참 애쓴다는 생각이 들었다. 오디션 프로그램의 영향 때문인지 어린이들과 중고등학생 참가자도 많았다.

"부모님의 이혼으로 떨어져 사는 아빠께 하고 싶은 말이 있어서 참가하게 되었어요."

자그마한 체구의 중학교 3학년 남학생이 인사말을 하자 심사위원은 합격해야 말할 기회가 있으니까 노래부터 부르라고 했다. 소년은 '가족사진'을 열창했다. 자신이 처한 상황과 비슷한 가사에 온 마음을 담아 노래를 불렀다. 노래를 듣는 순간 가슴이 뭉클해지며 소년의 절박한 심정이 고스란히 전해져 눈물이 흘러내렸다. 심사위원이 합격증을 주자 관객들은 박수를 치며 소년을 응원했다.

"학생, 힘 내!"

관객들이 여기저기서 외쳤다. 소년은 꾸벅 인사를 하며 주먹으로 눈물을 훔쳤다.

예심을 시작한 지 한참 되었건만 무대 옆으로 길게 늘어선 줄은 줄어들 기미가 보이지 않았다. 그러나 자리를 떠나는 사람은 없었다. 사전 접수가 160명이나 되었다고 한다. 현장에서도 접수를 받아서 1차 예심에 참가한 사람이 무려 196명이나 되었다. 이들 중 2차 예심에 참여할 수 있는 사람은 49명뿐이라고 한다. 그리고 2차 예심에 통과한 15명만이 전국노래자랑 무대에 설 수 있다고 하니, 대학입시만큼이나 경쟁률이 치열한 셈이다.

2시간 40분 만에 1차 예심이 끝났다. 휴식시간에 가수가 나와서 노래를 하는 동안 무대에는 대기자가 앉을 의자가 놓여졌다. 2차 예심은 심사위원과 마주보는 자리에 서서 반주에 맞추어 노래를 불렀다. 너무 긴장한 탓인지 1차 예심 때보다 못 부르는 사람도 있고, 의욕이 앞서서 음을 이탈하는 경우도 있었다.

심사위원들은 프로그램의 틀을 짜기 시작했다. 좀 더 흥겹게 부르기, 몸동작을 크게 하며 춤을 출 것, 강릉의 자랑거리에 대해 말해보기, 이야깃거리를 찾기 위해서 참가하게 된 동기도 물어보았다. 강릉사투리로 관심을 끌던 아주머니에게는 집에서 키우는 한우와 염소, 닭을 무대에 데리고 나올 수 있는지를 물어보았다. 80대 어르신에게는 목소리에 어울리는 노래를 정해주고 다시 불러보라고도 했다. 선곡해준 노래를 부르자 훨씬 자연스럽게 들렸다. 저들의 숨은 노력이 있었기에 전국노래자랑이 장수 프로그램이 될 수 있었으리라는 생각이 들었다.

전국노래자랑에 출연한 사람들은 우리 이웃의 이야기를 노래로 들려주고 있었다. 자신과 비슷한 출연자와 동일시되어 함께 호흡하고 기뻐하고 슬퍼하면서 각박한 삶을 위로받을 수 있기에 TV를 멀리하던 사람들도 일요일만 되면 전국노래자랑을 찾게 되나보다. 단순히 노래실력만 겨루는 프로그램이었다면 이질감 때문에 다양한 연령층으로부터 사랑받지는 못했을 것이다. 무엇보다도 이 프로그램이 장수할 수 있었던 이유는 작은 것도 허투루 지나치지 않고 출연자의 장점을 찾아주려고 애쓰는 숨은 일꾼들의 노력이 있었기 때문이리라. 손 내밀어 출연자들을 이끌어주는 전국노래자랑이야말로 소통이 있는 따뜻한 프로그램이라는 생각이 들었다.

그리운 삽당령

뽀얀 먼지를 폴폴 풍기며 완행버스는 잘도 달린다. 내려야 할 곳을 진작 지나쳤는지도 모른다. 한 시간 이십 분쯤 걸린다는 것 외에는 아는 것이 없기에 하늘에 닿을 듯 높은 산이 다가올 때마다 가슴은 두방망이질 쳤다. 도대체 얼마를 더 가야 되는 걸까? 안내양에게 목적지에 도착하면 알려달라고 했건만 깜빡했나보다. 첫 출근부터 꼬인다. 한 번도 가본 적 없고 아는 사람도 없는 곳으로 발령이 났을 때부터 예견된 일인지도 모른다.

"내려야 할 곳을 지나친 것 아닌가요?"

"아직도 멀었어요. 도착할 때 되면 알려줄 테니까 걱정 마세요."

한참을 더 가야 된다는 말에 다시 자리에 앉았다. 책을 펼쳤지만 눈에 들어오지 않는다. 게다가 덜컹대는 버스 때문에 멀미를 할 것만 같아서 책읽기를 포기하고 창밖을 내다보았다. 앙상한 나뭇가지마다 눈꽃이 피었다. 서리가 내려앉은 모양 그대로 피어난 꽃이 참으로 예쁘다. 산굽이를 구불구불 올라가던 버스가 드디어 고갯마루에 당도했다.

고개를 넘으면서 바로 오른쪽에 엉성한 목조건물이 보인다. 언뜻 보아도 성황당인 것 같다. 호랑이에게 물려간 처녀의 혼을 기리기 위해 제사를 지내는 곳이라는 것을 나중에야 알게 되었지만, 성황당을 보면 왠지 신비스러우면서도 귀기가 느껴져 고개를 돌리게 된다. 드디어 옹기종기 모여 있는 집들이 보이기 시작했다. 산마을이라서 그런지 지붕들이 낮다. 그리고 넓게 펼쳐진 밭이 보인다. 버스안내양이 내릴 준비를 하라며 일러준다.

다음날부터 출근전쟁이 시작되었다. 아침잠이 많은 나로서는 오전 7시 30분에 출발하는 버스를 타는 일이 곤욕일 수밖에 없었다. 직원 대부분이 같은 버스를 타고 출근을 했는데, 간혹 깊은 잠에 빠진 사람은 내리지 못할 때가 있었다. 꾸벅꾸벅 졸다가 급히 내리느라 동료를 챙기지 못한 직원은 미안한 마음에 오토바이를 빌려 타고 임계까지 데리러 가고는 했다.

미혼인 직원들은 거의 다 사무실 근처에 방을 얻어서 살았다. 나도 자취를 시작했다. 집주인은 난방비를 따로 받지도 않으면서 군불을 넉넉히 때주었다. 후한 인심만큼이나 그들의 살림살이도 따스했다. 고랭지 채소 농사를 짓기 전만 해도 평생 쌀 한 말 못 먹어보고 생을 마친다는 말이 있었다는데, 이제는 밭농사만 지어도 다랑이 논을 일구어서 벼농사를 지을 때보다 쌀이 흔하다고들 했다. 그들이 이곳에 터를 잡았을 때만 해도 감자와 옥수수가 주식이었다. 소를 이용해서 농사를 짓고 지게를 지고 고갯길을 오르내리는 등 고단한 일을 마다하지 않았어도 쌀밥은 언감생심 꿈도 꿀 수 없었다고 한다. 오래전 이곳에 뿌리를 내린 사람들은 아이가 초등학교에 입학할 무렵이면 지게부터 만들어주었다고 한다. 이곳이 고향인 직원이 있었는데 그는 상체에 비해 다리가 유난히 짧았다. 누군가 짧은 다리를 지적하기라도 하면 펄쩍 뛰면서 여덟 살 때부터 지게질을 해서 그렇다고 했다.

우리들은 갑갑증을 느낄 때면 오토바이를 타고 5분 거리에 있는 임계로 놀러 갔다. 그럴 때마다 선배들은 '배추밭 사건'을 얘기해주며 과음하지 말라는 당부를 했다. 남자 직원 셋이 임계로 놀러 갔다가 몸을 가누지 못할 만큼 취해서 돌아오는 길이었는데, 도깨비에 홀렸는지 빤한 길을 놔두고 배추밭으로 들어갔다고 한다. 오토바이를 탄 채 밤새도록 배추밭을 휘젓고 다니는 바람에 남의 배추농사를 다 망쳐놓았다고 했다.

사방을 둘러보아도 산만 보이는 곳. 사람들이 숨어들기에 정말 좋은 곳이다. 관리들의 수탈을 피해서 숨어들었거나, 역적으로 몰리는 바람에 숨어들었거나, 이루어질 수 없는 사랑을 위해서 첩첩산중에 숨어들어 화전민이 된 사람도 있었을 것이다. 1968년 울진, 삼척 지구에 무장공비가 출현했을 때 이 지역의 예비군으로 대활약을 했었다며 무용담을 늘어놓던 사람이 있었다. 허풍 섞인 그의 말을 그대로 믿을 수는 없지만 산이 깊어서 무장공비들이 몸을 숨기기에는 안성맞춤이었을 것이다.

이곳을 찾아든 사람들은 발자취를 남기고 사라져갔지만, 삽당령은 세월에서 비껴나 한결같은 모습으로 다가온다. 삽당령은 4월까지도 응달진 곳에는 눈이 남아 있다. 그러나 양지바른 곳에 봄기운이 녹아들면 생강나무와 버들강아지가 앙증맞은 노란 꽃을 피운다. 그리고 농사일이 시작되어 계분 냄새가 진동할 때면 진달래가 지천으로 피어난다. 영변의 약산 진달래꽃이 저러했으려니 싶은 생각이 들 정도로 화려하고 예쁘다. 한여름이 되면 온 산이 초록으로 짙어간다. 짧은 여름이 가고 가을이 오면 삽당령 정상부터 단풍이 물들기 시작한다. 햇빛을 받아 눈부시게 빛나던 단풍이 지고 나면 이내 겨울이 찾아온다. 눈이 많이 내리는 날이면 길이 끊길 때도 있지만 눈에 파묻힌 삽당령은 고즈넉해서 더욱 아름답게 느껴졌다.

이제 삽당령 가는 길은 포장도로로 바뀌었다. 차 한 대가 겨우 비껴가던 좁은 길은 2차선이 되어 쌩쌩 달릴 수도 있다. 지붕 낮은 집들도 높고 튼튼한 벽돌집으로 바뀌었고, 트랙터와 트럭을 이용해서 농사를 짓는다.

낯설게 느껴질 만큼 주변 환경이 변했지만, 이십대 싱그러운 시절의 추억이 어린 삽당령은 언제나 그리움으로 자리하고 있다. 그곳을 떠올릴 때면 어느새 내 마음은 덜컹거리는 완행버스에 몸을 싣고 고개를 넘던 시절로 되돌아간다.

바이올린 할아버지

오랜만에 산책길에 나섰다. 산책을 나설 때면 우리 집 반려견 타불이와 세음이도 함께 한다. 내가 즐겨 찾는 곳은 해파랑길 중 강문구간이다. 이 길은 언제나 푸른 솔을 볼 수 있고, 향긋한 솔향을 맡을 수 있으며, 다져진 흙길을 내디딜 때 푹신한 감촉이 느껴져서 참 좋다. 또 곳곳에 잠시 쉬어갈 수 있는 벤치도 있고, 소나무 사이로 언뜻언뜻 바다도 보인다. 게다가 도착지에서 커피 한 잔을 마시며 쉴 수 있어서 더욱 좋다.

따사로운 가을햇살 아래 선선한 바람이 불어와 산책하기에 더없이 좋은 날이다. 그래서인지 주차장은 이미 차들로 빼곡하였다.

주차장 건너 공중화장실 옆은 야외공연장으로 꾸며져 있는데, 실버악단이 공연을 하고 있었다. 마이크를 켜놓고 공연을 하는 탓에 그들이 연주하는 트럼펫 소리는 가을 벌판으로 널리널리 퍼져나갔다. 솔숲 길을 꽤나 깊이 들어왔건만 트로트가락이 들려왔다. 거리낌 없이 매끄러운 선율이 귀에 쏙쏙 들어온다. 하지만 소리가 너무 강렬해서 산책을 방해하는 느낌이 들었다. 명심보감의 좋은 구절을 써놓은 푯말을 읽어도 와 닿지 않을 정도로 말이다.

길이 끝나는 곳에서 한숨 돌린 후 왔던 길을 되짚어 걸었다. 흙먼지를 뒤집어쓴 개들에게 물이라도 먹이려고 두리번거려보았지만 빈 벤치가 없다. 계속 주위를 살피면서 걷고 있는데 솔숲 길 입구에 빈자리가 하나 있었다. 마주 앉을 수 있게 벤치가 놓여있고, 사이에 탁자도 하나 있었다. 그곳에는 할아버지 한 분이 앉아서 바이올린을 연주하고 있었다. 조금 망설이다가 벤치로 다가갔다. 할아버지는 우리를 의식하지 않고 계속 연주를 했다. 그런데 할아버지의 바이올린 소리는 실버악단이 연주하는 트럼펫 소리에 묻혀서 거의 들리지 않았다.

"할아버지의 연주를 들으러 왔어요. 개들도 듣고 싶어 하는데 괜찮나요?"

할아버지는 대답 대신 웃음기를 띈 얼굴로 악보를 한 장 넘기더니 연주를 계속했다. 할아버지는 팔십대쯤으로 보였다. 조금 낡아 보이긴 했지만 옷차림은 정갈했다. 연습을 얼마나 많이 했는지 악보 끝부분이 심하게 닳아 있었다. 바이올린도 할아버지 연세만큼 오래되어 보였다.

하지만 바이올린을 배운 지는 그리 오래된 것 같지 않았다. 펼쳐진 악보 제목을 보고서야 무슨 곡을 연주하는지 알 수 있을 정도로 음이 불안정했다. 가을에 어울리는 '10월의 어느 멋진 날에'와 '잊혀진 계절'을 연거푸 연주하였다. 개들도 보채지 않고 얌전히 앉아서 감상을 했다. 등산복을 차려입은 십여 명의 사람들이 개와 함께 바이올린 연주를 감상하는 내가 이상해 보였는지 가던 길을 멈추고 잠시 동안 구경하더니 자리를 떠났다.

할아버지의 무대는 실버악단이 연주하는 무대보다 좁고, 관객들도 없지만 중요한 곳일 수도 있겠다는 생각이 들었다. 간혹 나처럼 마주앉아서 조용히 음악 감상을 하는 사람도 있을 것이고, 호기심 많은 사람들이 잠시나마 머물렀다 가기도 하기 때문이다. 할아버지는 겉으로는 다른 사람을 의식하지 않는 듯 보이지만, 마음으로는 스쳐가는 사람들을 관객으로 생각하고 최선을 다해서 연주를 하고 있는지도 모른다.

이렇게 연습을 거듭하다보면 할아버지의 불협화음연주도 언젠가는 실버악단의 연주처럼 매끄러워지겠지. 그날이 오면 악보를 보지 않고도 무슨 곡을 연주하는지 알아맞힐 수 있을 것이다. 산책길에서 만난 일행 말로는 산책 왔을 때마다 할아버지가 바이올린을 연주하고 있었다고 했다. 할아버지의 바이올린 연주는 음이 불안정하기는 해도 다른 사람의 사색을 방해하지는 않는다. 오히려 원래부터 그곳이 할아버지 자리인 듯 솔숲과 퍽이나 어울렸다. 그 연세에도 새로운 것에 도전하는 모습이 아름다워 보였다. 누구에게 보이기 위한 연주가 아니기에 더욱 마음에 남는다. 집에 돌아와서도 바이올린을 연주하던 할아버지 모습이 내내 생각났다.

다음 산책길에는 어떤 곡을 감상할 수 있을지 벌써부터 기대된다.

뜨개바늘

벗들아 이렇게 살면

벗들아!
세상과 더불어 살려면
법보다 더 중요한 윤리와 도덕을 지키고
절제하고 겸손하며
당신의 잣대로 남들을 함부로 평하지 말고
오직 자신과 싸워 이길 수 있는
사람이 되면 어떠리
(후략)

우리 집 거실에 걸어놓은 족자 속 글귀다. 적적하거나 속이 시끄러울 때 읽으면 위로가 된다. 족자 앞에만 서면 한 자 한 자 정성을 다해 붓글씨를 쓴 박순애 시인의 따스한 마음이 느껴져서 감사한 마음이 새록새록 솟아난다.

꽃샘추위가 한창이던 날 박 시인의 세 번째 시집을 받았다. 책 한 권을 내기까지 얼마나 많은 시간과 노력과 정성이 들어가는지 알기에 서툰 솜씨로 뜬 것이지만 손뜨개인형 한 쌍을 보내드렸다. 그랬더니 시인은 더 큰 선물을 보내주셨다. 작년부터 책을 선물한 작가들께 손뜨개인형을 선물하고 있는데 그분들이 기뻐하며 감사 인사를 할 때면 인형 뜨기를 배우기 잘했다는 생각이 든다.

지난해 여름 손뜨개인형 전시회에 관한 기사를 접하게 되었다. 그런데 전시회의 주인공이 강릉에 산다는 것을 안 순간부터 가슴이 콩닥콩닥 뛰기 시작했다. 손뜨개인형 뜨기를 배우고 싶은 마음이 너무도 간절하여 잠을 설칠 정도로 신열에 들떠서 지내던 중, 용강동에서 뜨개교실을 본 것 같다며 길안내를 해준 양 시인 덕분에 원옥재 선생님과의 만남이 이루어졌다. 그날로 선생님의 제자가 되어 일주일에 한 번씩 수업을 받고 있다.

이처럼 새로운 사람을 만나 인연을 맺을 때마다 스티브 잡스가 스탠퍼드대학 졸업식에서 했던 연설이 생각난다. 그는 살면서 하나의 점에 불과했던 자취들이 현재와 미래를 연결하는 점이 되어 자신의 인생에 큰 변화들 가져왔다고 했는데, 나 또한 언제부터인가 사람들과의 만남을 하나의 점이라고 생각하게 되었다. 하나의 점에 불과했던 만남이 새로운 점을 연결해주고 점과 점이 만나 선을 이루어 내 삶의 길을 만든다는 생각이 든다.

뜨개질을 하면 마음이 편안해진다. 뜨개바늘만 잡으면 바늘로 콕콕 찌르듯 아팠던 일들도 머릿속에서 사라진다. 게다가 인형을 받는 사람들에게 행운이 깃들기를 바라며 한 코 한 코 뜨다보면 어느새 비 개인 하늘처럼 기분도 좋아진다. 그러고 보니 지금껏 선물한 뜨개작품이 참 많다. 초등학생 때부터 어깨 너머로 배운 뜨개질이라 겨울방학만 되면 시간가는 줄 모르고 아버지조끼나 동생스웨터와 장갑, 할머니양말, 할머니 친구에게 드릴 양말 등을 떴다. 때로는 친구들 부탁으로 스웨터를 떠 주기도 했다. 어린 마음에 칭찬 받는 것이 좋아서 손목에 무리가 가는 줄도 모르고 뜨개질을 했는데, 어느 순간 손목이 너무 시큰거려서 더 이상 뜨개질을 할 수 없게 되었다. 미련이 남아서 간직하고는 있었지만 삼십여 년이 넘는 시간 동안 싸매놓았던 뜨개바늘을 다시 꺼내게 될 줄은 몰랐다.

뜨개질은 오랜 역사를 지니고 있다. 뜨개질과 관련된 가장 오래된 유물은 고대 이집트의 피라미드에서 발견된 레이스편물로 기원전 오천년경의 것이라고 한다. 우리나라에는 조선시대 고종 때 선교사들이 편물로 된 양말을 보급하면서 양말 짜는 기술이 전해졌다고 한다.

내가 중학생이던 시절에는 가정시간에 뜨개질의 기본 기법에 대해 배웠다. 뜨개바늘을 처음 잡는 친구들도 그 수업을 들은 후 자기 목도리 정도는 뜨게 되었다. 뜨개질을 하면 집중력, 지구력, 창의력, 응용력이 좋아진다. 오랜 시간 앉아서 뜨개질을 하니까 집중력과 지구력은 당연히 좋아지고, 배운 기법을 활용하여 새로운 작품을 구상하고 응용도 해야 하니까 창의력과 응용력도 좋아진다. 이런 뜨개질의 장점을 알고 등록했는지는 모르지만 선생님 제자 중에는 초등학생이 둘이나 있다고 한다.

어느 날, 대중가요가사처럼 총 맞은 것처럼 가슴이 너무나도 아픈 일이 생겼다. 그 일만 생각하면 숨쉬기 힘들 정도로 가슴이 답답하여 음악을 들어도 마음이 편치 않고, 책을 읽어도 눈에 들어오지 않았다. 그런데 뜨개바늘을 잡자 언제 그랬냐는 듯 마음이 편안해졌다. 바늘을 놓으면 괴로운 생각들이 다시금 엄습하였지만 뜨개를 하는 동안만큼은 무념무상이 되었다. 뜨개질은 나를 명상의 시간으로 인도하는 길라잡이라는 생각이 들었다. 선생님은 뜨개질을 무엇이라고 생각하는지 궁금해졌다.

"선생님은 뜨개질이 무엇이라고 생각하세요?"

"인생이라고 생각해요. 뜨개질을 할 때 어려운 부분이라고 해서 그냥 건너뛸 수는 없잖아요. 힘들다고 포기하면 다음 단계로 넘어갈 수 없어요. 그러면 작품을 완성할 수 없는 것처럼 인생도 마찬가지에요. 당장 닥친 일이 힘들다고 그냥 주저앉을 수 없잖아요. 어떻게든 극복해야지요."

선생님 말씀처럼 뜨개질은 인생인 것 같기도 하다.

시큰거리는 손목을 주무르면서 힘들게 완성한 손뜨개인형이지만 주변사람들에게 선물하는 순간 아픔은 잊어버리고 마냥 행복해진다. 선생님은 서툰 작품이여도 칭찬을 아끼지 않는다. 그런 칭찬이 그리워서일까? '뜨개바늘'에 가는 날이 기다려진다. 내게 있어 뜨개바늘은 아픔을 위로해주고 무료함을 달래주는 좋은 친구이며 삶의 동반자 같은 존재이다.

우리들의 어느 멋진 날

연일 이어지던 마른장마가 잠시 주춤하는가 싶더니 비가 내렸다. 며칠 동안 내린 비는 대지를 싱그럽게 탈바꿈시켜주었다. 하지만 비가 개자마자 이내 더위가 몰려왔다. 비축해둔 에너지를 맘껏 발산하는 땡볕을 이기지 못하여 싱그럽던 풀줄기마저 맥을 놓던 날, '웃음소리'에서 주관하는 우쿨렐레 제2회 정기연주회가 강릉 단오문화관 공연장에서 열렸다.

2015년 9월 12일에 창단 연주회를 마친 후, 다음 연주회를 위해 일주일에 세 번씩 만나서 연습한 결과 2016년 7월 9일에 2회 연주회를 열게 되었다고 한다. '웃음소리'는 복지관에서 취미로 우쿨렐레를 배우기 시작한 어르신들이 뜻을 모아 만든 모임이라고 한다.

검은색 바지에 흰색 윗도리를 입고 머리매무새도 곱게 단장한 어르신들의 연주가 시작되었다. 앞자리 중앙에 앉은 두 분이 하모니카로 첫 곡을 열었다. 그들의 전주에 이어서 우쿨렐레 합주가 시작되었다. '뛰는 벼룩'이라는 의미를 지니고 있는 우쿨렐레는 소리가 밝고 경쾌했다. 평균 연령이 70쯤 될까? 노래 부르는 목소리가 우쿨렐레소리처럼 맑지는 못해도 소녀 감성이 느껴졌다. 악기를 들여다보지 않고도 코드를 자유자재로 짚으며 4개의 줄을 튕기면서 노래하는 그분들이 꿈 많은 10대 소녀처럼 느껴졌다.

젊은 시절에 불렀음직한 '사랑이여', '편지', '진주 조개잡이', '목로주점' 등 7080음악이 이어졌다. 사회자가 나와서 다음에 연주할 곡에 대해 간단하게 설명한 후 두 곡을 연이어 연주하는 방식으로 진행되었다. 사회자가 멘트를 할 때 잠깐씩 쉴 수 있다고는 해도 거의 50분 동안 이어지는 연주가 힘들었을 법도 한데, 지치는 기색 없이 공연을 하는 모습에 가슴이 뜨거워졌다. 고음에서 음정이 흔들리고 박자를 놓치는 경우도 있었지만 노력의 흔적이 느껴져서 감동은 배가 되어 가슴을 벅차게 하였다. 관객들도 박수를 치면서 노래를 따라 불렀다. 실수 좀 하면 어떠랴. 연주하는 모습 자체로 충분히 아름다운 것을.

지도강사가 소속되어 있는 준 밴드 단원들도 뒷자리에 앉아 드럼, 기타, 트럼펫, 오보에를 연주하며 우쿨렐레와 화음을 맞추었다. 서로 다른 악기가 한데 어우러져 훌륭한 연주회를 만들어가고 있었다. 대부분 하모니카를 전주로 연주가 시작되었는데, '진주 조개잡이'는 전주를 멜로디언으로 시작하였다. 멜로디언 건반을 꾹꾹 누르며 연주하는 어르신 모습이 분홍색 멜로디언보다 화사해 보인다. 저 멜로디언은 손녀가 빌려준 것일까?

밝고 경쾌한 음악을 연주할 때는 손동작도 발랄하게 움직인다. 마치 줄 위에서 춤을 추는 것 같다. '사공의 노래'를 연주할 때는 손동작도 마치 사공이 노를 젓는 것처럼 보인다. 눈이 침침하여 악보를 보기에도 힘들었을 텐데, 모두 한 목소리로 노래 부르고, 한 동작으로 우쿨렐레를 다루기까지 얼마나 많은 시간을 함께 했을까?

연주회는 이제 막바지에 이르렀다. 앵콜곡으로 '울고 넘는 박달재'를 연주하였다. 그런데 7080노래를 부를 때와는 달리 자기 옷을 입은 듯 목소리와 노래가 퍽 어울렸다. 이루지 못한 사랑 이야기가 애절하게 가슴을 파고든다. 가사에 집중하다 보니 점심시간에 만난 80대 할머니가 생각났다. 식당에서 옆 테이블에 앉아 혼자 식사를 하던 할머니는 자신이 청상과부가 된 사연을 짧게 들려주었다. 열아홉에 이름 있는 종갓집 맏며느리로 시집을 갔으나 남편은 한 달 만에 한국전쟁에 나갔다가 전사자가 되어 돌아왔다고 한다. 푸근한 인상의 할머니는 처음 만난 내게 묻지도 않은 이야기를 들려주었다. 지금은 덤덤하게 낯선 사람에게 털어놓을 수 있는 이야기지만 그 당시에는 청천벽력 같은 일이었겠지. 저 노래가사처럼 애달픈 삶을 사신 할머니는 교회 일을 열심히 하는 것으로 위안을 얻으며 산다고 했다. 좋아하는 일을 찾아 즐기며 사는 '웃음소리' 단원들도 아름답게 노년을 보내고 있다는 생각이 들었다. 1년 동안 틈틈이 익힌 솜씨를 가족과 친구들 앞에서 마음껏 펼치는 그들이 진정 행복해보였다.

'백 세 인생'이라는 노래가 말해주듯 이제는 백 세 시대라고들 한다. 인간의 수명은 점점 늘어나고 있다. 사람은 누구나 행복한 삶을 꿈꾼다. 오늘 만난 어르신들을 보면서, '나는 노년에 어떤 삶을 살고 있을까?' 생각하게 되었다.

공연장 밖은 여전히 기세가 꺾이지 않은 땡볕으로 인해 이글이글 타오르고 있었다. 더위를 피해서 그늘로 들어섰지만, '우리들의 어느 멋진 날' 공연을 보면서 떠오른 생각이 화두가 되어 내 머릿속을 뜨겁게 달구었다.

유년의 타임머신

고만고만한 소나무가 우거져 골짜기를 이루고 있는 서지골에는 길손들에게 못밥과 질상을 대접하는 전통 한식 전문점인 '서지 초가뜰'이 있다. 2007년 농촌진흥청의 향토음식자원화사업장으로 지정되어 문을 열었는데, 창녕조씨 명숙공 종택에서 일꾼들에게 차려내던 음식을 종부가 직접 차려낸다.

농사일을 거들어주던 일꾼들이 기거하던 농막을 개조한 식당이 초가집이었기에 식당이름을 '서지초가뜰'로 지었다고 한다. 그런데 지금은 너와집이다. 이엉을 엮어서 해마다 지붕을 삼아주어야하는데 이엉을 엮을 줄 아는 분들이 모두 고령이라 너와집으로 개량하였다고 한다. 식당 별채로 쓰이는 또 다른 농막은 굴피집이었으나 비가 새는 등 관리하기 힘들어서 지금은 동기와 지붕으로 개량하였다. 집을 빙 둘러싼 토담위에 굴피를 얹어놓았으며, 고드랫돌로 엮어 만든 왕골자리를 방마다 깔아놓았다. 강원도 산골 마을에서 난방과 조명 역할을 했던 코클도 있어 전통의 멋을 느낄 수 있다.

주문한 못밥이 한 상 차려져 나왔다. 먼저 쑥과 콩을 버무려 만든 뭉생이떡과 숭늉이 나왔다. 곧이어 장아찌와 각종 나물반찬, 묵은지를 깔고 조린 생선, 오징어볶음, 말린 고추를 튀긴 튀각, 달래양념장을 솔솔 뿌린 두부요리, 메밀전, 메밀묵, 된장국, 팥을 송송 뿌린 못밥 등 푸짐한 한 상이 차려졌다.

지금은 기계화 영농이 이루어져 모내기도 쉽고, 잡초를 제거하는 농약이 있어서 일일이 김을 맬 필요가 없다. 그러다보니 품앗이할 일이 없으므로 못밥이나 질상이 사라진지 오래다. 내가 초등학생이던 70년대까지만 해도 농부들이 모여 서로 질을 짜서 모내기할 순서를 정하고 품앗이를 했다. 그 고된 노동을 이겨내려면 밥 힘이 중요했기에 못밥을 잘 차려내야만 했다.

일꾼들이 논에 들어가기 전에 참과 술국부터 내야 했으므로 엄마는 새벽부터 일손을 거들러온 큰댁 올케언니와 작은 엄마를 재촉하며 부엌일을 서둘렀다. 할머니는 안방 아랫목에 담가두었던 농주를 체에 밭쳐서 거르고 윗목 시루에서 소복하게 자란 콩나물을 쑥쑥 뽑아 함지박에 담아놓고 손질하였다. 바로 아침상을 내야하기 때문에 모두들 분주하게 움직였다. 아침 설거지가 끝나자마자 바로 참을 준비해야 한다. 디딜방앗간에서 찧어온 떡살에 여린 쑥과 콩, 곶감 등을 버무려서 시루에 찐 뭉생이떡과 술을 내가고 나면 바로 점심준비에 들어갔다.

점심에는 생선조림이나 두부조림, 튀각 등 특별반찬이 마련되었다. 가마솥에서 김이 모락모락 나는 밥을 함지박에 옮겨 담은 후 삶아놓은 팥을 술술 뿌리고 골고루 섞었다. 밥을 퍼낸 가마솥은 칼로 금을 쭉쭉 그어놓았다. 그러면 아궁이에 남아있는 열기로 고소한 누룽지가 만들어졌다. 할머니는 아이들의 주전부리로 누룽지를 나누어주었다. 어른들은 눈코 뜰 새 없이 바쁘건만 우리들은 잔치분위기에 한껏 고조되어 재잘거리며 뛰어다녔다. 오후 참으로는 국수를 삶아서 냈다. 참을 내갈 때마다 술도 함께 내갔으므로 큰 독에 그득하던 술은 이내 바닥을 드러냈다.

모내기를 마친 논은 모가 제자리를 잡으면서 모살이를 시작하였다. 모살이를 하여 파릇해진 논을 지날 때면 어린 마음에도 기분이 좋아졌다. 여름이 다가오면서 햇살은 점점 따가워졌지만 아버지는 김매기를 게을리 할 수 없었다. 풀이 웃자라면 벼가 제내로 알곡을 맺지 못하기에 애벌 김매기를 끝내고 난 얼마 후 두벌 김매기를 시작했다. 이렇게 두 벌 김매기가 끝나면 질 먹는 날이 돌아온다. 이 날은 집집마나 마련한 음식을 내오고 풍물놀이도 하며 서로 어울려 한바탕 노는 날이다. 형편이 좋은 집은 가난하여 음식을 장만해오지 못하는 집에 며칠 앞서 쌀을 보냈다고 한다. 빈손으로 오는 것이 부끄러워 참석하지 않을까봐 밥이라도 지어와서 함께 어울리도록 배려한 것이다.

못밥을 먹으면서 어린 시절을 회상하다보니 어느새 한 상 그득하던 음식이 바닥을 드러냈다. 못밥은 어린 시절 먹어보았기에 더 정이 가는 것 같다. 하지만 질 먹는 날은 음식에 대한 기억이 없다. 일곱 살 때 뒷집 언니 손을 잡고 성황당 앞 너른 터에서 질 먹는 어른들이 흥에 겨워 풍물놀이 하는 모습을 구경하다가 돌아온 기억이 전부이다.

다음에는 질상을 한 상 차려달라고 해야겠다. 질상은 어떤 음식이 나오는지 궁금해진다. 질상을 마주하면 성황당 너른 터에서 솔향기와 농주에 취해 풍물놀이를 하고 노랫가락을 하던 어른들을 만날 수 있을 것만 같다.

틀

그녀가 미혼모가 되었다는 소식을 들었을 때 가슴이 먹먹해지며 눈물이 쏟아질 것 같았다. 또래들은 새내기 대학생이 되어 젊음과 자유를 만끽하고 있는데, 그녀는 한 아이의 엄마가 되어 힘든 삶의 무게를 홀로 감당하고 있다니…….

그녀는 나의 첫 제자이다. 그녀는 또래들보다 당차고 자기주장이 강했으며 이해력도 좋아서 가르쳐주는 것을 스펀지처럼 흡수했다. 글재주 또한 뛰어나서 대회에 나가기만 하면 상을 받았다. 학교를 빛낸 학생으로 교지에 이름이 자주 실렸으며, 학교 성적도 상위권이라서 선생님들의 사랑을 듬뿍 받았다.

그런데 그녀는 틀을 싫어했다. 특히 어른들의 잣대로 정해놓은 틀을 못견뎌했다. 그녀가 다니는 학교는 신설학교라서 다른 학교에 비해 규칙이 엄격했다. 학생주임 선생님이 다른 아이들에 비해 짧지도 않은 자신의 치마길이를 지적했다며 속상한 마음을 하소연하기도 했다. 그녀는 호기심도 많은 편이었으며 어른들의 흉내를 내고 싶어 했다. 수학여행 때 몰래 맥주를 마시다가 들켜서 처벌을 받기도 했다. 선생님들께 꾸지람을 듣는 횟수가 잦아지자 그녀도 틀에서 벗어나려는 행동을 더 많이 하게 되었다. 그러면서 학교 성적도 조금씩 떨어지기 시작했다.

그녀가 고등학교에 진학할 때만 해도 강릉은 비평준화 지역이라서 그녀가 원하는 고등학교에 원서를 내려면 우수한 성적을 유지해야만 했다. 그런데 지금까지 받은 벌점 때문에 내신점수가 낮아지자 합격여부가 불투명한 상태가 되었다. 선생님은 원하는 학교에 원서를 내려면 부모님을 모셔오라고 했단다. 자존심 강한 그녀는 이런 문제로 부모님이 학교에 오는 것을 원하지 않았다. 결국 선생님들이 권하는 학교에 진학을 했고, 그 때부터 방황의 시간이 시작되었다.

그녀가 학교를 그만두고 화장을 짙게 한 채로 거리를 쏘다니는 것을 보았다는 소식을 접했을 때, 그녀의 인생이 꼬이기 시작했다는 생각을 떨쳐버릴 수가 없었다. 어른들이 만든 틀이 그녀의 숨통을 조인 걸까. 비평준화지역에서는 교복으로 아이들의 서열을 매기는 일이 비일비재하니까 말이다. 우수한 성적과 글재주로 학교를 빛내던 그녀였기에 교복을 바라보는 주변의 따가운 시선을 더욱더 견디기 어려웠을 것이다. 그녀는 주변사람들에게 도움의 손을 내밀기보다는 스스로 교복을 벗는 일을 선택했다. 하지만 학교의 틀에서 벗어난 순간 더 위험하고 고단한 삶의 틀이 그녀를 가두고 말았다.

사람들은 누구나 자기만의 잣대를 가지고 세상을 가늠해본다. 그리고 자신만의 잣대로 만든 틀 안에 상대방을 가두려고 한다. 때로는 어른들이 만든 틀이 아이들에게 상처를 입히기도 한다. 그들은 아이들이 홀로 설 수 있을 때까지 사랑으로 보살피기 위해서라고 말하지만 그 안에 갇히는 것 자체를 숨막혀하며 거부하는 아이들도 있다.

어른들이 만든 틀이 숨통을 조인다고 생각하면 아이들은 일탈을 꿈꾸게 된다. 그런데 그 틀을 벗어난다고 해서 더 나은 삶이 보장되지는 않는다. 새로운 틀이 발목을 잡기 마련이다. 하지만 아이들은 그 사실을 깨닫지 못한 채 방황하게 된다.

"다음에 꼭 한 번 놀러갈게요."

삼 년 전 골목길에서 우연히 만났을 때, 그녀가 건넨 인사말이다. 이따금씩 그녀의 소식을 접할 때마다 마지막으로 건넨 인사말이 귓전을 맴돈다. 내게라도 손을 내밀기를 간절히 바라지만 그날 이후로 단 한 번도 만난 적이 없다. 먼저 손을 내밀고 싶어도 전화번호가 바뀌어서 연락을 할 수도 없고, 다른 동네로 이사를 갔기 때문에 주소도 모른다.

수업할 때 가끔씩 아이들에게 하는 말이 있다.

"훗날 부모님께 말하기 힘든 고민이 있으면 찾아와. 내가 들어줄게. 그리고 자신을 사랑하는 사람이 되어야 해."

내 잣대로 보면 지금 그녀가 처한 상황은 매우 힘들어 보인다. 어쩌면 색안경을 쓰고 자신을 볼까봐 손을 내밀지 않을 수도 있다. 그 누구보다 자존심이 강한 아이였으니 당연한 일이지 않는가. 어린 나이에 엄마가 된 것이 그녀가 원한 삶이었다고 해도 세상이 만든 틀에서 벗어나기 위해 더 이상 자신을 포기하는 일이 없기를 간절히 바랄 뿐이다.

이제 그녀도 긴 방황을 끝내고 봄 햇살처럼 싱그러웠던 지난날을 되찾았으면 좋겠다. 자신을 진정으로 사랑하는 사람만이 세상의 틀에서 자유로울 수 있다는 사실을 깨닫는다면 얼마나 좋을까?

제 2의 붉은 악마

2011년 7월 6일 남아프리카 공화국 더반에서 2018동계올림픽 개최지가 발표되던 순간을 우리는 기억한다. 자크 로케 IOC위원장이 "평창"이라고 외치는 순간 현장에 있던 사람들은 물론 TV앞에서 그 장면을 지켜보던 강원도민들은 환호성을 지르며 기쁨을 만끽했다. 세 번째 도전 끝에 이룬 값진 결과였기에 더욱 가슴이 벅차올랐다.

그 후 평창과 강릉, 정선 등지에 올림픽관련 시설물이 속속 들어서고, 2016년 11월 25일부터 26일까지 개최된 2016~17 FIS 스노보드 월드컵을 시작으로 2017년 4월까지 테스트 이벤

트가 잇따라 펼쳐졌다. 그런데 이러한 행사소식을 접하면서도 덤덤한 건 사실이다. 스포츠에 대해 문외한이기 때문에 더욱 그런 것 같다. 그렇지만 강원도민으로서 내 고장에서 열리는 국제적인 행사에 어떤 식으로든 참여해야겠다는 생각을 하게 된다.

내가 사는 아파트 단지 앞에 평창 동계올림픽 때 선수촌으로 쓰일 아파트가 건설되고 있다. 선수촌아파트는 거대한 성채처럼 우뚝 서 있다. 그 모습을 볼 때마다 동계올림픽이 얼마 남지 않았다는 사실이 실감난다.

"평창 동계올림픽 때 뭐 할 거예요?"

"저는 자원봉사 신청했어요. 외국어에 능하지 않아서 청소든 뭐든 다 할 수 있다고 했어요."

"저는 아이들이 어려서 홈스테이 신청했어요."

"저는 응원하러 가려고요."

평창 동계올림픽 열기가 사그라졌다고 하지만 주변사람들의 이야기를 들어보면 그렇지만은 않은 것 같다. 드러내놓고 속마음을 표현하지 않는 강원도민들의 성품 때문에 그렇게 느껴질 뿐이다. 자원봉사 신청자가 초과 접수된 사실이 이를 잘 말해주고 있다. 홈스테이는 한국의 문화를 알리는데 큰 역할을 할 수 있으며, 응원은 세계인들에게 감동을 줄 수 있는 가장 좋은 참여방법이라고 생각한다.

삼십대 이상이라면 대부분 2002년 한일 월드컵을 기억할 것이다. 이변이 속출하였던 축구 경기도 화제였지만 무엇보다 세계인들의 관심을 끌었던 것은 '붉은악마'의 응원이었다. 특히 대한민국과 터키가 출전한 3·4위전에서 보여준 응원은 그 경기를 지켜본 모든 사람들에게 감동을 선사하였다. 경기가 시작되자 태극기보다 더 큰 터키국기가 응원석에 등장하였고, 응원단들은 승부를 떠나 두 나라 모두를 응원하였다. 붉은 악마의 응원 덕분에 결승전보다 더 빛난 3·4위전이 되었다.

2018평창 동계올림픽에서도 모든 사람들에게 감동을 줄 응원을 기대해본다. 국적이나 인종, 승부를 떠나서 마음을 다해 뜨거운 응원을 해 준다면 세계인들에게 평창 동계올림픽은 영원히 기억되는 아름다운축제가 될 수 있을 것이다. 자원봉사나 홈스테이, 응원 등 어떤 형태로든 우리 고장에서 열리는 세계인의 축제에 함께 할 수 있다는 사실만으로도 가슴 벅차지 않은가.

평창 동계올림픽 체험기

1. 거리 풍경

2018년 2월 9일부터 2월 25일까지 평창, 강릉, 정선 일원에서 2018평창 동계올림픽이 열렸다. 우리 아파트 단지 앞에는 선수촌과 미디어촌이 들어섰고, 단지 뒤편으로도 대규모 선수촌이 들어섰다. 선수촌 주변 빈터는 주차장으로 꾸며지고, 아파트 예정부지인 넓은 터에는 식당 등으로 쓰일 하얀색 대형 천막집이 여러 개 들어섰다.

우리 아파트 앞 공원도 미디어촌의 경계를 따라 철제 울타리가 쳐졌다. 그 울타리를 따라 검은 전선이 허리띠처럼 둘러쳐져 있어서 위협적으로 보인다. 사임당공원 뒷산도 선수촌 아파트를 따라 긴 울타리가 쳐졌다. 울타리를 따라가다 보면 길이 나올 것 같아서 나뭇가지를 헤쳐가면서 조심스럽게 산길을 내려갔지만 더 이상 진입을 거부하는 듯 주먹도 들어가지 않을 만큼 빈틈없이 쳐져 있는 울타리와 마주하고 말았다. 결국 흙길을 밟으며 산책하려던 생각을 접고 돌아서야만 했다.

동계올림픽을 며칠 앞둔 날부터 미디어촌으로 향하는 길을 통제하기 시작했다. 컨테이너를 실은 대형트럭만 그길로 빈번하게 드나들었다. 출근할 때면 아파트 단지를 빙 돌아서 다녀야만 했다. 그런데 며칠 후 그 길마저도 통제하기 시작했다. 출근하려면 다른 길로 한참 돌아서 다녀야 했다. 선수들과 관계자들을 수송하는 대형버스와 외부에서 온 자동차들로 도로는 막히는데 무단횡단을 좋아하는 사람들도 많아서 거북이걸음으로 다녀야만 했다. 또 쉴 새 없이 드나드는 차들과 사람들로 인해 아파트단지에서 앞길로 나가려면 많은 시간이 걸렸다. 하지만 경적을 울리는 차는 한 대도 없었다. 국제적인 행사를 잘 치르길 바라는 마음이 더 크기 때문에 다들 불편함을 감수하고 있었다.

2. 음식점 풍경

올림픽이 시작되기 2주전쯤, 지인들과 맥주를 마시러 갔다. 평소에는 손님이 뜸한 곳이었는데 문을 연 순간 홀에 가득한 외국인들을 보고 깜짝 놀랐다. 방금 손님이 나갔는지 어질러진 테이블 하나밖에 자리가 없었다. 우리는 종업원이 치우러 오기를 기다리며 이야기를 나누었다. 그런데 삼삼오오 모여 앉은 외국인들이 나누는 다양한 언어에 우리의 말소리가 묻히고 말았다. 한국인이라고는 우리들뿐이었다. 마치 우리가 이방인처럼 느껴졌다.

올림픽이 시작되자 우리 아파트 앞길에는 대형버스와 자원봉사자들과 외국인들이 쉼 없이 지나다녔다. 우리 집 반려견 세움이는 쇼파에 앉아 바깥 동정을 살피며 보초를 서기 시작했다. 쇼파에 앉으면 앞길이 훤히 내다보이기에 녀석은 시도 때도 없이 짖어댔다. 그동안은 인적이 드문 곳이었기에 앞길이 우리 집 영역인줄 알았나보다.

반려견들이 밖을 보고 짖을까봐 버티컬을 모두 쳐놓고 외식을 하러 갔다. 고기를 취급하는 식당마다 외국인들로 북적였다. 남편은 동태탕을 먹으러 가자고 했다. 남편이 자주 가는 식당에 들어서자 빈 테이블이 두 개밖에는 없고 다른 자리는 모두 외국인들이 앉아서 식사를 하고 있었다.

"동태탕 주세요."

"죄송한데, 올림픽 기간에는 삼겹살과 불고기만 돼요."

외국인들을 배려한 때문인지, 바쁘니까 당분간 손이 많이 가는 음식을 팔지 않으려고 하는 것인지, 어쨌든 외국인들을 위한 식당이 되어 버린 것 같아 씁쓸해졌다.

3. 화이트 프렌즈

평창 동계올림픽 기간 동안 활동할 응원 서포터즈를 모집한다는 기사를 접했다. 시간을 못 낼까봐 차일피일 미루다가 자원봉사 신청기간을 놓친 일이 마음에 걸려서 기사를 보자마자 바로 신청하였다. 응원 서포터즈 이름을 공모한 결과 '화이트 프렌즈'가 선정되었다는 안내메일이 왔다. 화이트 프렌즈는 외국인들이 생각하는 인종차별적인 낱말이 아니라 하얀 강원도의 겨울과 친구를 합성한 말이라고 한다.

2017년 10월 20일부터 23일까지 강릉시청 대강당에서 응원 서포터즈 '화이트 프렌즈' 기본 교육을 실시했다. 대상인원은 모두 2947명이나 되었다. 2018평창 동계올림픽대회 및 패럴림픽대회에 대한 설명, 경기장 안전관리 수칙, 글로벌 친절 스마일 교육 등을 4시간여에 걸쳐서 받았다.

2018년 1월 24일에 올림픽 운영과에서 발송한 우편물이 도착했다. 나는 4조에 편성되었는데, 4조 경기관람일정과 반입금지 및 제한품목에 대한 안내문이었다. 5회 이상 의무 참여이니 관람 가능한 경기를 알려달라고 해서 아이스하키와 컬링 경기 관람을 신청했다.

첫 경기관람은 2월 11일 오후 4시 40분에 시작하는 여자 아이스하키인데, 남북한 단일팀 구성으로 인기가 높아져 표가 모두 매진되었다며 오후 4시에 시작하는 남자 스피드 스케이팅 경기를 관람하라는 연락이 왔다. 화이트 프렌즈 부스에서 방한 및 응원물품과 패션입장권을 받고 검색대를 통과한 후 스피드 스케이팅 경기장으로 향했다.

우리나라는 쇼트트랙을 효자종목으로 불러왔다. 그만큼 동계올림픽은 쇼트트랙에만 메달이 집중되어 있었는데, 이제는 스피드 스케이트 종목도 효자종목이 되었다. 우리나라의 이승훈 선수가 출전한 남자 5000m 경기가 시작되었다. 옆에 앉은 사람들과 박수를 치며 한목소리로 응원을 했다. 그날따라 날씨가 너무 추웠기에 방한용품으로 내 준 목도리를 하고 있었는데 내 옆에 앉은 분들도 나와 같은 목도리를 하고 있었다. 우리는 화이트 프렌즈로서 동질감을 느끼며 목청껏 응원을 했다. 0.01초를 다투는 기록경기다 보니 선수들이 어찌나 빨리 지나가는지 내 앞을 휙 지나친 선수가 순식간에 건너편 트랙을 돌고 있었다. 관중석에 앉아서 보면 놓치는 부분이 많기는 해도 생동감이 느껴졌다.

다음날은 오전 9시 5분에 시작하는 컬링 경기를 관람하러 가야 했다. 주차할 곳이 거의 없으므로 대중교통을 이용하면 편한데 시간이 많이 걸린다는 단점이 있다. 시간절약을 하려면 올림픽 파크 주변 마을에 주차를 하고 걸어가는 편이 나을 것 같아서 고심 끝에 자동차를 가지고 나왔다. 골목길에 들어서자 운 좋게도 주차할 곳이 한군데 눈에 띄었다. 주차할 곳을 찾지 못할 경우를 대비해서 일찍 출발한 탓에 화이트 프렌즈 부스가 문을 열 때까지는 사십분이나 기다려야 했다.

자동차 안에서 시간을 보내며 골목길 구경을 했다. 그런데 골목길로 들어선 차마다 자원봉사자 복장을 한 사람들이나 화이트 프렌즈 목도리를 두른 사람들을 내려놓고 갔다. 올림픽 파크는 물론 주변도로까지 통제하기 때문에 다들 이곳에서부터 걸어가나 보다. 토마스 바흐 IOC위원장이 폐막식에서 자원봉사자들에게 감사의 인사를 전했듯이 이번 올림픽이 성공올림픽이 된 데에는 자원봉사자들의 역할이 컸다. 예년보다 추운 날씨에도 야외 곳곳에서 밝게 웃으며 안내를 해주는 자원봉사자들을 대할 때면 미안한 마음이 들었다. 내가 한 일이라고는 관중석 한자리만 지키고 앉아서 응원한 것밖에 없으니 그들과 마주칠 때마다 부끄러워졌다.

4. 안목커피거리 풍경

'팀 킴'으로 불리는 여자 컬링 선수들이 연일 강팀을 이기는 신화를 이루면서 비인기 종목이었던 컬링의 인기가 급상승했다. 올림픽 운영과에서 컬링경기 입장권이 전량 판매되어 서포터즈 관람 운영이 취소되었다는 문자를 보내왔다.

모처럼 시간이 났을 때 문화올림픽을 경험해 보고 싶어서 남편과 집을 나섰다. 강릉역 앞에 설치되어 있는 강원상품관을 찾았다. 강원도뿐만 아니라 다른 지역의 우수상품을 전시, 판매하고 있었는데, 그곳에 있는 공연장에서는 하루 4차례 문화공연을 했다. 우리가 도착했을 때 관람객들이 몰려나왔다. 공연시간을 알아보지 않고 무턱대고 온 것이 조금 후회됐다. 아쉬운 마음을 쇼핑으로 달랜 후 안목 커피거리로 향했다.

강릉 일원에서는 올림픽 기간 동안 다채로운 문화행사가 열리는데, 안목커피 거리에서는 '강릉세계겨울커피축제 재즈프레소 2018' 행사가 열리고 있었다. 열을 지어 서 있는 자동차들로 보아 주차할 곳이 없을 것 같아서 임시주차장에 차를 댄 후 걸어갔다. 좁은 골목길을 빠져 나가자 눈앞에 바다가 펼쳐졌다. 겨울바다를 구경하면서 걷고 있을 때, 노랫소리가 들려왔다. 대학생으로 보이는 젊은이 셋이 버스킹을 하고 있었다. 펼쳐놓은 기타 케이스를 슬쩍 훔쳐보았더니 천 원짜리 지폐 몇 장과 동전밖에는 없었다. 바닷바람을 맞으며 오랫동안 노래하려면 추위와 싸워야 하는데 변변한 난방용품 하나 없이 셋이서 무릎담요 한 장을 나누어 덮고 있었다. 그래도 기타를 치면서 목청껏 노래하는 그들의 젊음이 아름다워 보였다.

안목항으로 내려가는 길 옆 백사장에는 무대가 꾸며져 있고 그 무대를 중심으로 양 옆으로 컨테이너 부스가 있었다. 부스에서는 커피나 음료 등 먹을 것과 공예품을 팔았다. 무대에서는 젊은 남자 가수 두 명이 신나는 노래를 부르며 관객들의 흥을 돋우고 있었다. 손에 커피나 주전부리를 들고 서서 구경을 하던 젊은이들이 노래를 따라 부르며 몸을 흔들었다. 가수들이 엔딩곡으로 '삐딱하게'를 부르자 남편도 흥에 겨워서 그들과 함께 춤을 추었다. 축제는 나이를 잊게 하는 매력을 지니고 있나보다.

5. 에필로그

17일간의 축제가 모두 끝났다. 우리 동네는 언제 그랬냐는 듯 조용하기만 하다. 대형버스도 모두 떠나고 곳곳에서 마주치던 외국인들과 자원봉사자들, 교통통제와 치안을 담당하던 경찰관들도 떠났다. 선수촌아파트 베란다마다 걸려있던 각국의 국기도 보이지 않는다. 교통통제도 풀려서 미디어촌과 선수촌 앞길로 마음껏 다닐 수 있게 되었다. 내셔널 하우스도 문을 닫았다. 멀리서도 한눈에 알아볼 수 있을 만큼 화려하게 장식했던 썬팅을 떼어내고, 그 자리에 '임대'라고 쓴 현수막을 붙여놓았다. 밀물처럼 밀려왔던 모든 것들이 한순간에 빠져나간 우리 동네는 심심할 정도로 고요하다.

국제적인 큰 행사를 치르면서 다소 불편함을 겪긴 했지만 평창 동계올림픽은 오랫동안 기억하고 싶은 좋은 경험이었다. 화이트 프렌즈 부스 앞에서 월스트리트저널 기자의 요청으로 인터뷰를 한 일, 영하 십도의 날씨에 아침부터 취재를 하느라 꽁꽁 얼어있는 그들에게 방한용품으로 받은 화이트 프렌즈 모자와 장갑을 선물한 일, 체코하우스에 가서 TV프로그램에 나오는 셰프가 만든 음식을 먹어본 일, 경기장에서 응원한 일 등 짧은 기간 동안 많은 일들을 경험하였기에 폐막식 이후 찾아온 고요함은 남의 옷을 입은 것 마냥 어색하기만 하다.

이곳을 다녀간 사람들은 이곳을 어떤 곳으로 기억할까? 올림픽 체험기를 쓰다 보니 기대감이 물안개처럼 피어난다. 아마도 그들은 평창 동계올림픽이 열린 이곳을 산, 바다, 호수가 어우러진 아름다운 나라, 문화와 전통이 있는 나라, IT강국, 미소가 아름다운 사람들, 법과 질서를 잘 지키는 친절한 사람들이 사는 곳으로 기억창고에 저장해놓았을 것만 같다.

4부

네 개의 씨앗

소금꽃 핀 고갯길

가로수 길에 하얀 이팝꽃이 피었다. 진한 향기를 내뿜는 새하얀 꽃송이가 탐스럽기만 하다. 하얀 이밥처럼 소복하게 피어난 이팝꽃은 아버지의 적삼에 피어나던 소금꽃을 연상시킨다. 아버지는 가족들에게 이밥을 먹이기 위해 새벽 어스름부터 땅거미가 내릴 때까지 논밭에 엎드려 일을 하셨다.

"남미야, 등목 좀 해 다오."

점심을 드시러 집에 온 아버지는 땀이 배어 축축해진 적삼을 벗으며 수돗가에 엎드리셨다. 나는 아버지의 더위를 식혀드리기 위해 얼른 마중물을 붓고 펌프질을 시작했다. 빨랫돌에 벗어놓은 아버지의 적삼에는 허옇게 소금꽃이 피어났다. 콸콸콸 쏟아지는 지하수를 대야에 받아놓고 바가지 가득 물을 담아서 등목을 해드렸다. 등목을 해드릴 때면 왠지 모르게 울컥해지고는 했다. 뼈가 그대로 드러나는 아버지의 야윈 모습 때문이었을까?

할아버지는 사남매를 남겨놓고 젊은 나이에 돌아가셨다. 열 살 어린 나이에 가장이 된 아버지는 홀어머니와 함께 동생들을 보살펴야만 했기에 남의 집 일을 거드는 일이라도 해야만 했다. 아버지는 땅에 떨어진 음식을 주워 먹어도 될 만큼 논밭이 깔끔하다는 평을 들을 정도로 꼼꼼하게 일하여 지주들에게 인정받았지만, 몸에는 골병이 들어갔다.

삶의 무게로 몸과 마음이 힘들었을 법한데 아버지는 내색 한 번 하지 않으셨다. 마음이 따뜻한 아버지는 둘째딸로 태어나서 다른 형제들에 비해 사랑을 받지 못하던 나를 언제나 챙겨주셨다. 언니가 심술을 부리며 나를 쥐어박은 날은 아버지가 돌아오실 때까지 몇 시간이고 다리를 뻗대며 울었다. 땅거미가 지면 소에게 먹일 꼴을 지게 가득 짊어진 아버지가 마당에 들어서신다. 긴 울음에 지쳐서 이제나저제나 눈치를 보며 헛울음을 울던 나는 그 순간부터 더욱 슬피 울기 시작했다.

"누가 우리 남미를 울렸어?"

아버지의 한 마디에 천군만마를 얻은 것 같았다. 내 편이 되어 주는 아버지를 위해서라면 뭐든지 해야겠다고 마음먹은 것을 아버지도 아셨을까? 심부름은 꼭 내게만 시키셨다. 등목도 내게만 부탁하셨다.

우리 집은 산골짜기에 있었기에 다른 세상으로 나가려면 고개를 넘어야만 했다. 어린 시절 아버지의 등에 업혀 고개를 넘을 때가 종종 있었다. 그때는 아버지의 등이 넓기만 했었는데……. 세월의 무게가 내려앉은 아버지의 몸은 점점 야위어갔다. 아버지는 하루에도 몇 번씩 고갯길을 오르내려야만 했다. 논밭에 낼 거름과 비료도 지게로 져서 나르고, 소에게 먹일 꼴과 수확한 농작물을 지게에 져서 집으로 날라 왔다. 가을 거두미가 끝나고 나면 나뭇짐을 져서 날라야 했으니 아버지는 한평생 거북이 등껍질처럼 지게를 짊어지고 사셨다.

어느 해 가을, 지게질이 힘에 부쳤는지 아버지는 손수레를 빌려 오셨다. 고개 너머 방앗간에 가기 위해 아버지가 앞에서 끌고 올망졸망한 우리들은 엄마와 함께 뒤에서 밀었다. 겨우겨우 고갯길을 오르고 나면 이제는 내리막길과 맞닥뜨린다. 온 힘을 다해서 수레를 잡아당겼지만 가속도가 붙은 손수레는 속도를 내며 언덕길을 내려갔다. 그럴 때마다 손수레가 아버지의 몸을 칠까봐 발바닥에 어찌나 힘을 주었던지 고개를 넘고 나면 발바닥이 불에 덴 것처럼 화끈거렸다.

온 세상이 눈으로 뒤덮이는 날은 아버지도 지게도 잠시 쉴 수 있었다. 하지만 겨울방학이 끝나고 나면 아버지는 자식들이 세상으로 나갈 수 있도록 고개 너머 마을까지 눈을 치셨다. 개학전날이면 아침상을 물리자마자 눈을 치기 시작했다. 쉬지 않고 눈을 쳤지만 평상시 걸어서 15분 정도 걸리는 그 길에 쌓인 눈을 다 못 칠 때도 있었다. 마음이 급해진 아버지는 개학날 아침 우리보다 앞서 장화발로 성큼성큼 걸어가면서 생눈을 뚫어주셨다. 허벅지까지 쌓인 눈을 허리 한 번 못 펴고 하루 종일 치웠으니 아버지의 몸에는 근육이 뭉치고, 등에는 소금꽃이 피었으리라. 그런데 그때는 그 마음을 헤아리지 못하고 당연히 아버지가 해야 할 일이라고 생각했다.

우리 집에서 세상 밖으로 나가는 유일한 통로인 고갯길은 그렇게 아버지가 피운 소금꽃으로 다져졌다. 이제 산수의 고개를 넘으신 아버지는 지팡이에 의지하여 걷는다. 평생을 논밭에서 일만 하시느라 나들이 한 번 제대로 못해 본 아버지는 이곳저곳으로 세상 구경 다니며 살고 싶다고 하신다. 어린 시절 아버지의 등에 업혀 세상 밖으로 나갔던 것처럼 이제는 내가 아버지를 모시고 고갯길을 넘는다.

"난 여기서 기다릴 테니 구경하고 오너라."

하지만 다리가 불편한 아버지는 언제나 관광지 초입에서 주저앉으신다. 앞으로 얼마나 더 세상구경을 다니실 수 있을까? 아직 내 자동차에는 소금꽃이 피지도 않았는데……. 좁은 자동차를 타고 장시간 이동하는 것이 힘드신지 아버지는 가끔 신음소리를 내뱉으며 다리를 주무르신다. 어떤 날은 차멀미 때문에 끼니도 거르고 몸을 가누지 못할 정도로 힘들어하시기도 한다.

"아버지, 조금만 참아보세요. 아버지 때문에 엄마도 힘드시잖아요."

옆에서 아버지를 챙겨드리느라 엄마도 덩달아 식사를 거부하실 때면 아기처럼 엄살을 부린다는 생각에 아버지께 짜증을 내게 된다. 거대한 산 같았던 아버지가 맥없이 무너지는 것 같아서 나도 모르게 더 짜증을 내게 된다. 결국 즐거운 마음으로 떠났던 여행은 엉망진창이 되어버리고 만다.

부모님과 함께 하는 여행이 어쩌면 내 자신을 위한 이기심에서 비롯된 것인지도 모르겠다. 지인들에게 여행을 빌미삼아 자식자랑을 끝없이 풀어놓는 부모님 덕분에 저절로 효녀반열에 오르게 되니 말이다. 몇 번의 시행착오를 겪은 후 부모님은 세상구경을 떠날 때면 두통약, 멀미약, 소화제 등 비상약품을 챙기신다. 한 보따리 챙겨온 약을 볼 때마다 가슴이 아려온다. 조금이라도 건강할 때 모시고 다닐 걸, 왜 그때는 몰랐을까? 이 세상에 영원한 것은 없다는 사실을…….

네 개의 씨앗

살그머니 다가온 봄이 초록색 물감을 풀어놓은 듯 하루가 다르게 푸르러지고 있다. 바람이 불 때마다 연분홍 나비가 호로로 날아오르는 광경을 연출하던 벚나무도 일주일새 초록으로 단장하였고, 밋밋하기만 하던 화단에도 붉디붉은 영산홍이 흐드러지게 피었다. 생기 넘치는 봄을 집안으로 불러들이고 싶어서 문을 열자 봄바람에 두엄냄새가 날아든다. 익숙해서일까? 두엄냄새가 그리 싫지만은 않다.

봄이 되면 논밭에 두엄을 내는 일로 부모님의 농사일은 시작된다. 부모님은 팔순을 넘기셨기에 농사를 짓는 것이 쉬운 일은 아니다. 하지만 봄만 되면 자식들의 만류를 뿌리치고 논밭으로 나가신다. 평생을 해 온 일이라서 그런지 아니면 당신 손으로 거둔 농작물을 자식들에게 나누어주고 싶어서인지, 당신이 살아계신 동안에는 농사를 접을 생각이 없는 듯하다.

봄맞이 대청소를 할 겸 다용도실을 정리하던 중 지난 가을 부모님이 주신 고구마 상자를 열어보았다. 밥보다 좋아하는 고구마기에 생각날 때마다 삶아먹었더니 바닥을 드러낸 상자에 고구마가 세 개밖에 없다. 자주 빛을 띤 싹이 삐죽삐죽 나오기 시작했으나 싹이 길지 않아서인지 고구마는 실한 모습을 유지하고 있다. 첫 딸을 낳은 이듬해 화전놀이 가서 찍은 사진 속 엄마 모습과 비슷한 것 같다. 첫 딸은 살림 밑천이라면서 위로해주는 시어른들 덕분에 마음이 편해서였을까. 스물여섯 살 엄마는 곱기만 하다.

내친 김에 벽에 걸어놓은 야콘 봉지를 열어보았다. 야콘은 움을 틔우기 시작했는데, 세 개 중 한 개가 수분을 잃고 쭈글쭈글한 모양새를 하고 있다. 삼년 후 엄마는 나를 낳으셨다. 할머니는 미역국도 끓여주지 않고 그 길로 휑하니 집을 나가서 며칠 만에 들어오셨다고 한다.

"아들도 못 낳은 사람이 무슨 염치로 누워 있어?"

집에 들어서면서 할머니가 던진 한마디에 엄마는 호미를 챙겨

들고 밭으로 나갔다고 한다. 몸을 푼 지 일주일도 채 안된 몸으로 밭이랑을 매면서 땀과 눈물을 쏟았을 엄마모습이 그려진다.

"어머이야, 새색시가 키는 작은데 이쁘네."

"내가 가마에서 내리는데 누가 큰소리로 이러더구나. 새색시는 눈 뜨면 안 된다고 눈에 꿀물을 발라놓아서 사람들이 보이지도 않는데, 구경꾼들이 한마디씩 하는 게 어찌나 우습던지 내가 웃고 말았잖아. 그래서 내가 딸을 많이 낳았나? 혼인하는 날 웃으면 딸을 많이 낳는다는데, 내가 왜 웃었을까?"

엄마는 바느질을 하면서 그 날 일을 넋두리하듯 들려주고는 했다. 이듬해 사촌 남동생이 태어나자 시집살이가 더 심해졌다고 한다. 수분을 잃은 야콘처럼 나날이 시들어갔을 엄마 모습이 눈에 보이는 듯하다.

선반에 올려놓은 감자상자를 열어보았다. 감자는 어느새 싹이 한발은 자라있었다. 양분을 내 준 감자는 쭈글쭈글하다. 싹을 떼어내고 껍질을 벗기는데 감자마다 푸른 멍이 들어있다. 삼년 후 엄마는 셋째 딸을 낳았다. 사랑스럽고 예쁜 딸이었건만 누구에게도 환영받지 못했다.

"딸만 낳은 아줌마가 부성 타게 남의 귀한 아들은 왜 만져요?"

이웃마을 새댁이 놀러왔기에 반가운 마음에 아기를 받아 안으려고 했더니 그 새댁이 앙칼지게 쏘아붙이더란다. 엄마는 숨어서 울어야했다. 감자처럼 가슴에 푸른 멍이 생기는 것 같았지만 드러내놓고 슬퍼할 자격도 없는 것 같았기 때문이다.

마늘도 썩는 것 같아서 손질을 시작했다. 바싹 마른 겉껍질이 검불처럼 가볍다. 껍질을 벗겨내자 생기를 잃고 시들어가는 마늘이 알몸을 드러낸다. 그런데 찌그러진 몸에는 연초록 새순이 뾰족이 나와 있다. 마늘은 온 힘을 모아 마지막 생명을 잉태한 것이다. 남동생이 태어나던 날이 기억난다. 일곱 살 아이 눈에도 그날은 잔칫날 같았다. 달빛이 어른어른 비치는 하얀 눈길을 밟고 외가댁 식구들이 아기이불과 옷을 사들고 찾아왔다. 할머니는 함박웃음을 지으며 사돈을 맞이했다.

"처음으로 남자아이 속옷을 하얗게 삶아서 빨랫줄에 널어놓으니 쳐다보기만 해도 눈이 부시더구나."

엄마는 지난 일을 이야기하며 눈가를 훔치신다. 남동생은 검불처럼 말라가며 초조하게 지내던 엄마에게 새 생명을 주었다. 마지막 몸을 사르며 새순을 밀어올린 마늘처럼 강인한 모습으로 엄마는 다시 태어났다. 오랜 시간 옆에서 지켜볼 수밖에 없었던 아버지 마음도 퍼렇게 멍들어가고 있었으리라. 속상할 때마다 담배만 피워 물던 아버지의 가슴앓이도 그날로 치유되었다.

부모님은 노구의 몸을 이끌고 오늘도 논밭에 나가신다. 새싹에게 양분을 내준 농작물처럼 부모님 얼굴에 나날이 주름이 늘어가고, 몸은 검불처럼 가벼워지고 있다. 하지만 부모님이 이 세상에 뿌려놓은 네 개의 씨앗은 아직도 제대로 된 열매를 맺지 못하고 부모님의 양분을 받아먹으며 산다. 고구마, 야콘, 감자, 마늘을 다듬다보니 제 몸을 버리면서까지 새순을 밀어올린 농작물이 부모님 모습인양 여겨져 가슴이 아려온다.

부모님의 양분으로 살아가는 우리는 언제나 부모님을 위한 열매로 거듭날 수 있을까.

달팽이 요리

'여행'은 언제나 설렌다.

여행은 반복되는 일상에서 잠시나마 벗어날 수 있고, 새로운 문화를 접할 수 있어서 좋다. 또 간접적으로 경험했던 것을 생생하게 느낄 수 있어서 좋다. 게다가 극진한 대접을 받거나 그 지역을 대표하는 요리가 입에 맞기라도 하면 금상첨화이다. 이러한 여행의 좋은 점 중에서 내가 으뜸으로 꼽는 것은 문화유적지를 직접 볼 수 있는 것이다. 책이나 영상으로 보았을 때의 감동은 직접 내 눈으로 보았을 때의 감동에 비할 바가 못 된다. 그 묘미를 안 이후로 쌈짓돈을 모아 일 년에 한 번 정도 해외여행을 떠난다.

그런데 여행에서 제일 중요한 것은 마음 맞는 동반자이다. 여행기간 동안 같은 공간에서 생활하기 때문에 서로의 마음을 읽으며 배려하는 것이 강행군을 하는 여행일정보다 더 힘들 때가 있다. 가족과 함께 하는 여행은 가정의 연장선상이라서 여행기간 내내 가족을 챙겨주어야 한다. 가족들은 가족들대로 잔소리를 들으면서 여행하는 일이 달갑지 않으니 여행이 마냥 즐겁지만은 않다. 그나마 가족들보다 마음 편한 동반자는 친구이다.

마흔이 되던 해 친구 네 명과 함께 일본여행을 떠난 적이 있다. 고등학교 3년 동안 같은 반이었고, 졸업 후에도 만남을 이어왔던 터라 식성이나 성격뿐 아니라 아픔을 공유할 정도로 친한 친구들이었다. 지금은 오래 전 일이라 여행에서 무엇을 보고, 어떤 느낌을 받았는지 기억이 가물가물하다. 하지만 여행 내내 수다를 떨고, 작은 일에도 눈물까지 흘리며 웃었던 일만은 또렷이 기억난다. 여행 마지막 날 가이드와 작별인사를 나눌 때, 우리들 모습이 가장 보기 좋았다고 말할 정도로 다른 사람들을 의식하지 않고 그때그때의 감정에 푹 빠져서 보낸 친구들과의 첫 해외여행이었다.

일본여행에서 돌아온 우리는 유럽여행을 목표로 모임을 이어나갔다. 여비만 모이면 바로 떠날 것 같았지만 아이들이 모두 대학입학을 할 때까지 떠날 수가 없었다. 두 번째 여행을 떠나기까지

십 이년이 걸렸다. 그런데 여행일정을 정하는 일부터 쉽지 않았다. 각자 하는 일이 다르다보니 시간을 맞추기도 힘들었고, 여행지에 대해서도 여러 가지 의견이 나왔다. 나는 이탈리아유적지 곳곳을 둘러보고 싶은데, 친구들은 적어도 두 나라 이상은 가보았으면 좋겠다고 했다. 결국 다수결의견에 따르기로 했다.

다음은 여행사를 선택하는 문제에 직면했다. 비용이 더 들더라도 음식만큼은 제대로 먹고 다녔으면 좋겠다면서 'ㅎ'여행사를 선택하자는 의견이 지배적이었다. 다소 값싼 음식을 먹더라도 'ㄴ' 여행사를 선택하면 더 많은 곳을 둘러볼 수 있는데, 단점은 중간에 비행기를 갈아타야만 했다. 발칸반도로 여행을 갔을 때 비행기 환승을 해 본 경험이 있었기에 크게 불편하지 않다고 주장했지만, 이번에도 다수의 의견을 따를 수밖에 없었다. 그 결과 프랑스 파리여행의 기회를 얻게 되었다.

공항에 모인 우리들은 십 이년 전보다 주름진 얼굴에 윤기를 잃어가는 머리카락, 나잇살이 붙은 몸매 등 세월을 비껴갈 수 없는 영락없는 아줌마였다. 하지만 마음만은 일본여행을 떠나던 날과 다를 바 없었다. 그런데 나이는 속일 수 없는지 몸이 먼저 반응하기 시작했다. 우리는 긴 비행시간에 지쳐갔다. 온몸이 퉁퉁 부어 신발을 제대로 신을 수 없는 친구도 있었다.

여행일정은 어찌나 빡빡한지 주마간산으로 스치며 구경하는 것이 마뜩찮아지기 시작했다. 베르사유 궁전과 루브르 궁전에서 주어진 자유시간은 전시품들을 제대로 볼 수 없을 만큼 짧았다. 패키지여행의 단점을 실감할 수 있었다. 이렇게 아쉬운 관람을 뒤로 하고 점심식사를 위해 식당으로 향했다.

"오늘의 메뉴는 프랑스 전통 요리인 '달팽이 요리'에요.~~"

가이드는 요리를 먹는 방법과 맛 등 자신이 경험한 일을 설명해주었다. 가이드가 일러준 대로 달팽이 껍질을 집게로 잡고 속살만 살짝 꺼내어 먹고 싶은데 뜻대로 되지 않았다. 껍질은 너무나도 단단했다. 속살에 뿌린 올리브유를 첨가한 소스가 껍질로 흘러내려서 집게로 꽉 잡자 달팽이가 미끄러지며 튕겨져 나갔다.

달팽이 요리는 우리들 모습과 닮아 있었다. 이번 여행은 일본여행과 판이했다. 출발하는 날 모습은 예전과 같았지만, 팔일 동안 크게 웃은 일은 단 한 번밖에 없었다. 십 이년 동안 우리는 각자의 자리에서 너무나 단단해져 있었다. 우리는 자신이 하는 일에 적합한 사람이 되기 위해 자신도 모르는 사이에 한 겹 한 겹 껍질을 만들며 세월을 보냈나보다. 나이를 먹어가면서 부드러워지기보다는 자기만의 세상을 난난한 껍질로 감싸는 일을 선택한 우리는 자꾸만 미끄러지며 집게에서 빠져나가는 달팽이처럼 다른 존재를 밀어냈다. 서로를 배려하는 마음은 있었지만 자신이 처한 환경에 익숙해져 알게 모르게 상처를 주고 있었다. 불협화음이 느껴지자 사소한 것도 못마땅해졌다. 휴식하기에는 턱없이 부족한 시간, 낡은 호텔, 입에 맞지 않는 음식 등 모든 것이 거슬리기 시작했다.

게다가 투어를 함께 하는 일행들은 지나칠 정도로 조용했다. 그동안 여행을 하면서 만난 사람들은 여행 이틀째 정도 되면 자기 일행들과 수다를 떠는 것은 물론 스스럼없이 옆 사람에게 말을 걸어 왔다. 가끔 일행들끼리 큰소리로 수다를 떨어도 눈치를 주는 사람은 아무도 없었다. 그런데 지나치게 조용한 그들의 눈치를 보느라 마음껏 웃을 수도 이야기를 나눌 수도 없었다. 이런 일이 반복되자 여행이 고행처럼 여겨졌다.

소스가 스며든 달팽이 요리는 짭조름하면서 식감이 좋았다. 하지만 또 먹고 싶지는 않다. 단단한 달팽이 껍질과 씨름하다보면 유쾌하지 않았던 이번 여행이 생각날 것만 같다. 나 또한 나이를 먹으면서 쓸데없는 부분까지 단단해져 다른 존재를 더 이상 포용할 수 없게 된 사실을 인정할 수밖에 없었다.

오늘부터라도 소스가 충분히 스며들도록 몸을 맡긴 달팽이 속살처럼 부드러운 동반자를 찾아봐야겠다. 여행은 여전히 나를 설레게 하는데 혼자 떠날 용기는 없으니 말이다. 혹시 아는가? 동반자가 지닌 부드러움이 나의 단단함을 무디게 만든다면, 고행으로 여겨지는 여행이 오래도록 기억하고 싶은 여행으로 탈바꿈할지.

집짓기

빈센트 반 고흐의 작품 '구두'를 감상하노라면 검게 그을린 피부와 거친 손마디, 땀내 밴 작업복이 연상된다. 신발 주인의 발모양에 따라 볼이 찌그러져 있는 구두에는 흙과 때가 덕지덕지 묻어 있다. 삶의 무게와 세월의 흔적을 고스란히 간직한 구두는 새 구두였을 때의 모습을 짐작할 수 없을 정도로 낡았지만 친근하게 느껴진다. 우리 집 현관에 놓여있는 작업화와 닮았기 때문일까?

남편은 여명이 틀 때면 일터로 나간다. 피로가 쌓여 기진맥진한 몸으로 잠자리에 든 날도 알람이 울리기도 전에 자리를 박차고 일어난다. 남편의 동반자인 작업화도 푸르스름한 새벽을 달려 함께 일터로 나간다. 작업화는 일명 '아시바'라고 불리는 비계 일을 하는 그에게는 매우 중요한 존재이다. 철근을 엮어 비계를 매는 일은 발에 힘을 주어 몸을 지탱해야하기 때문에 작업화는 몸의 일부분처럼 편해야 하며, 몸을 보호할 수 있을 정도로 튼튼해야 한다. 비계가 완성되어야만 건물의 외장 일을 계속할 수 있기에 비계 일은 집짓기에서 기초공사만큼이나 중요하다.

결혼 당시 광고사를 운영하던 남편이 어느 날 갑자기 건설업을 하겠다고 했을 때 눈앞이 캄캄해졌다. 사람들이 흔히 '노가다'라고 부르며 비하하는 직업을 의논 한마디 없이 선택했으니 기꺼운 마음으로 받아들인다는 것은 불가능한 일이었다. 누님내외가 건설업으로 자수성가한 모습을 지켜보았기에 망설이지 않고 그 일을 선택한 것 같았다. 나를 설득하는 그의 말은 하나도 들리지 않고 먼지 묻은 작업복, 때 묻은 작업화, 검게 그을린 피부 등 건설현장에서 만날 수 있는 노동자들의 모습이 파노라마처럼 스쳐 지나갔다. 얼마 전 속내를 털어놓던 조카의 말까지 환청처럼 되살아나 나를 괴롭혔다.

"삼촌, 나는 우리 부모님이 건설 일 하는 것 정말 창피해요."

"두 분 모두 열심히 일하셔서 너희들도 풍족하게 사는 거야."

"아, 그래 봐야 노가다잖아요. 친구들이랑 길 가다가 현장에서 일하는 아빠랑 마주치면 아는 척도 하기 싫단 말이에요. 놀림 받을 것 같아서요."

"부모님이 너희들 고생 안 시키려고 힘든 일 하시는 건데 그러면 안 돼."

자기편이 되어줄 줄 알았던 외삼촌이 자꾸만 자신을 설득하려고하자 조카는 인사도 없이 가버렸다. 남편은 조카를 괘씸해 했다. 우리 아이들도 조카처럼 아빠의 직업을 부끄러워할 것만 같았다. 나 자신조차도 받아들일 수 없는 일인 걸 어떡한단 말인가.

왜 사람들은 남편이 무슨 일을 하는지 궁금해 할까? 처음 만난 사람인데도 몇 마디 나누다 보면 쓸데없는 호기심이 발동하는지, "실례지만 남편은 무슨 일 하세요?"라고 질문한다. 실례인줄 알면서 왜 물어볼까? 그럴 때마다 나름 당당한 표정을 지으면서 남편의 직업을 말해준다. 그러면 대다수의 사람들은 몹시 당황해한다. 매우 안쓰러워하는 사람들도 있는데, 그들이 바보온달을 선택한 평강공주를 만났을 때나 지을 법한 표정으로 나를 바라볼 때면 불쾌감이 밀려왔다.

'그래, 남에게 피해를 주는 일을 하는 것도 아니잖아. 땀 흘리고 정당한 대가를 받는 일인데, 나부터라도 남편의 직업을 부끄럽게 여기지 말자.'

이렇게 마음먹기까지는 많은 시간이 걸렸다. 사람들의 쓸데없는 호기심 때문에 마음을 다치는 일이 반복되면서 남편의 직업을 편하게 받아들이기로 마음먹었다. 나름대로 마음에 갑옷을 입힌 것이다. 그렇게 마음먹고 나니 일 년 넘게 가위눌린 듯 답답하던 가슴이 뻥 뚫린 듯 시원해졌다. 그리고 아이들에게도 아빠 직업에 대한 자부심을 심어줄 수 있었다.

"이 세상에 아빠와 같은 일을 하는 사람이 없다면 사람들은 불편하게 살 수밖에 없어. 남의 것을 공으로 얻으려고 하는 사람이 부끄러운 거지 아빠는 땀 흘리며 성실하게 사는 거니까 자랑스러워해야 해."

이런 노력 때문이었을까? 아이들은 아빠를 자랑스러워했다. 남편이 일했던 곳을 지나칠 때면 우리 아빠가 지은 건물이라고 친구들에게 자랑하기도 했다. 다행스럽게도 우리 집의 행복한 집짓기는 어느 정도 성공한 셈이 되었다.

흔히들 '직업에 귀천은 없다.'는 말을 한다. 하지만 현실은 그렇지 않다. 내 자식이 공부를 잘 하고, 열심히 하기를 바라는 마음에서 비롯된 것이기는 하지만 육체노동을 하는 사람들을 보면 평가절하를 하는 어른들이 많다.

"너도 공부 안하면 저 사람처럼 흙이나 파헤치며 살아야 돼."

문화재를 발굴하기 위해 논두렁을 헤집고 다니는 대학 교수님을 보고, 길을 가던 엄마가 아들에게 쐐기를 박으며 했다는 말이다. 그 교수님이 자신의 직업을 밝혔다면 그 엄마는 어떤 표정을 지었을까? 이렇게 어렸을 때부터 직업에 대한 차별교육을 받은 아이는 엄마의 기준에 맞는 직업을 선택하지 못할 바에는 차라리 캥거루족으로 사는 편이 낫다고 마음먹게 될 것이다.

행복지수 1위인 덴마크는 직업에 귀천이 없는, 누구나 평등한 권리를 누리는 나라이다. 덴마크는 자식이 열쇠수리공을 하고, 택시기사를 하고, 식당 웨이터를 해도 친구들에게 당당하게 자랑할 수 있는 나라이다. 직업에 서열을 매기는 우리나라와는 달리 '우리는 모두 똑같다.'는 겸손함과 당당함이 덴마크를 행복지수 1위의 나라로 만든 것이 아닐까?

고흐는 노동의 숭고함을 표현하고 싶어서 노동자들의 모습을 많이 그렸다. 그의 작품 '구두'는 노동자의 삶을 짐작할 수 있게 해준다. 남편의 작업화보다 더 낡은 구두에서 땀 흘려 일하고 그 대가로 가족과 함께 행복한 삶을 누리는 노동자의 모습을 떠올릴 수 있는 것은 노동의 거룩한 모습을 표현하고자 한 고흐의 노력 덕분이다.

아빠의 작업화를 보고 열심히 일한 아빠를 자랑스러워하는 아이들을 보면서 행복한 집짓기를 위해 노력한 시간이 헛되지 않은 것 같아 흐뭇해진다. 남편은 우리 가족이 행복한 삶을 영위할 수 있도록 가족을 지탱하고 있는 주춧돌이라는 생각이 든다. 우리나라도 덴마크처럼 직업에 대한 차별이 사라져서 3D업종에 종사하는 사람들이 어깨를 쫙 펴고 사는 나라가 되기를 소망해본다.

또 다른 얼굴

국보 제78호인 '금동 반가 사유상'을 보고 있으면 마음이 편안해진다. 비록 책자를 통해서 감상하는 것이지만 반가부좌를 하고 앉아 엷은 미소를 머금은 채 눈을 감고 있는 모습을 보노라면 나 또한 생각의 바다를 유영하고 있는 것 같은 느낌을 받는다. 미륵불은 가부좌를 한 오른발 위에 왼손을 살며시 올려놓고 오른손 약손가락과 새끼손가락을 구부리고 집게손가락과 가운뎃손가락으로 가볍게 얼굴을 받치고 있다. 갸름한 눈꼬리뿐 아니라 얼굴을 받치고 있는 손가락에서 흐트러지지 않는 신앙심이 느껴진다.

미술작품에서 손은 중요한 역할을 한다. 손이 취하고 있는 자세에 따라 작품의 분위기가 달라지기 때문이다. 손은 얼굴만큼이나 다양한 표정을 지니고 있다. 무릎 위에 가지런히 올려놓은 손에서는 편안함을 느낄 수 있고, 다소곳이 맞잡은 손에서는 겸손함이 묻어난다. 반가사유상처럼 얼굴을 괴고 있으면 깊은 생각에 빠져 있음을 알 수 있으며, 허리에 양손을 걸치고 있는 모습에서는 자신감을 엿볼 수 있다. 서로 손가락 끝을 맞대고 있는 모습에서는 교감하고 있는 그들의 마음이 느껴진다. 또한 손은 그 사람이 살아온 자취를 짐작할 수 있게 해준다.

미술작품은 손의 정지된 모습밖에는 표현할 수 없으므로 손이 취하고 있는 자세로 마음을 읽을 수밖에 없다. 그런데 손은 자세를 취하고 있을 때보다는 맞잡았을 때 서로의 마음이 더욱 잘 전달된다. 이제는 악수가 보편화되어 있어서 어느 자리에서나 악수를 나눌 때가 많이 있다. 악수를 나누는 시간은 오초 정도의 짧은 순간에 불과하지만 손을 맞잡으면서 마음도 전달된다.

이십여 년 전만 해도 나는 손발이 매우 찼다. 특히 겨울이면 정도가 더욱 심해서 어쩔 수 없이 악수를 해야 할 상황일 때는 민망하기 짝이 없었다. 그러다 보니 반가운 사람과 악수를 나눌 때도 살짝 손만 댔다가 떼기 바빴다. 그러던 어느 날, 악수를 그 모양으로 하느냐며 호통을 치는 어른을 만났다. 마음을 전혀 담지 않은 무성의한 내 행동이 버릇없어 보였나보다.

선거철만 되면 평소에는 만나기 힘든 사람들과 악수를 나눌 때가 있다. 곳곳에서 선거운동을 하는 후보자들과 마주치는데, 그들은 악수를 통해 자신의 절박한 마음을 전하여 한 표라도 더 얻으려고 노력한다. 짧은 시간에 많은 사람과 소통할 수 있는 방법으로 악수만한 것이 또 있을까. 표를 의식한 채 손을 내미는 사람과 악수를 나눌 때는 '손이 따뜻하네, 악력이 세구나' 정도만 느낄 수 있을 뿐 마음이 느껴지지는 않는다.

그런데 난생 처음 손을 통해서 따뜻한 마음을 느낀 적이 있다. 집들이를 하던 날이었다. 9평 원룸에서 결혼 생활을 시작한 남편과 나는 결혼 7년 만에 처음으로 내 집을 마련하였다. 우리 집을 방문한 친지들은 자신의 일인 것처럼 기뻐해주었다. 오랜만에 만난 친지들은 유년 시절로 돌아가 산골마을에서 소치며 살던 이야기, 옥수수 농사를 대규모로 지어서 지게로 져 나르다가 골병 든 이야기, 아버지가 돌아가신 후 더 이상 농사를 지을 수가 없어서 시내로 내려와 자리 잡은 이야기 등 늦은 밤까지 이야기 장단이 이어졌다. 이야기를 나누며 술잔을 주거니 받거니 분주하던 그들은 기분 좋게 취기가 오를 즈음 자리에서 일어났다. 배웅을 하러 주차장으로 내려갔을 때 엄마처럼 막내 동생을 챙겨주는 큰 누님이 내 손을 덥석 잡았다.

"올케, 고맙네."

그 한마디였지만 누님의 따뜻한 손을 통해서 그녀의 마음이 그대로 전해졌다. 그 순간 손은 마음을 보여주는 또 다른 얼굴이라는 사실을 깨닫게 되었다. 얼굴은 감정을 숨긴 채 자신이 만든 이미지를 보여주는 것이 가능하지만, 손은 마주 잡았을 때의 느낌으로 마음을 읽게 되기 때문에 속임수를 쓸 수가 없다. 그러므로 오 초 정도면 끝나는 악수라고 해서 소홀히 여겨서는 안 되며, 손이 취하고 있는 자세로 됨됨이를 평가하기도 하므로 장소에 따라 알맞은 자세를 취해야 한다.

손으로 사람의 마음을 얻을 수도 잃을 수도 있기 때문이다.

청밀 밭의 추억

"내년에는 청밀을 심어야겠어요."

청밀. 참으로 오랜만에 들어보는 낱말이다. 지난해 퇴직한 형부는 농부가 되었다. 서울태생이라 농사일을 경험해 본 적 없는 형부가 귀농을 결심했을 때 온가족이 나서서 말렸다. 하지만 형부의 뜻을 꺾을 수는 없었다. 형부는 주변의 만류에도 불구하고 자신의 계획대로 한 걸음씩 발걸음을 내디뎠다. 노후를 위해 마련해 두었던 논에 흙을 들이는 일부터 시작하였다. 그 땅이 어느 정도 다져지자 축사를 지었다. 그리고 그 옆에 두 칸짜리 살림집을 붙였다. 남은 땅은 일구어서 옥수수와 고구마, 들깨, 수박, 상추 등 각종 채소를 심었다.

초여름 꽃들이 화사한 꽃망울을 터트리던 날, 부모님과 함께 형부의 새 터전을 방문하였다. 평생 농사일을 해 온 부모님은 축사부터 둘러보았다. 부모님은 누런 황소가 되새김질하는 모습을 흐뭇하게 바라보시더니 텃밭을 둘러보기 위해 걸음을 옮겼다. 텃밭에는 푸르게 자라나는 채소만큼이나 풀이 지천이었다. 형부는 말없이 터전을 둘러보는 부모님께 내년 계획을 말했다.

"고추를 심을 요량으로 옥수수고랑을 널찍하게 만들었더니 풀이 더 극성인 것 같아요. 내년에는 청밀을 심어야겠어요. 이삭이 팰 때쯤 베어서 소 먹이면 일석이조일 것 같아요."

청밀, 기억의 땅에 묻은 지 오래되어 이제는 기억조차 가물가물한 낱말을 듣는 순간 아버지의 헛간에서 먼지를 뒤집어쓴 채 세월을 보내고 있는 고드랫돌이 떠올랐다. 겨울철이면 아버지의 손을 떠나지 않았던 고드랫돌이 슬그머니 자취를 감출 즈음 청밀 밭도 자취를 감추지 않았나 싶다. 겨우내 아버지는 실한 왕골을 골라 잘 간추린 짚과 함께 고드랫돌을 이용해서 돗자리를 맸다. 일 년 동안 사용한 낡은 돗자리는 가시가 일어 여린 살을 찌르는 등 불편했는데, 솜씨 좋은 아버지가 새로 만든 자리를 깔아주면 폭신하면서도 부드러운 느낌이 들어 잠이 잘 왔다. 그런데 돗자리가 장

판한테 자리를 내어주면서 아버지는 더 이상 자리를 매지 않았다. 그 무렵부터 청밀 밭도 서서히 사라지기 시작한 것 같다.

햇볕 따스한 봄날에 아버지는 황소를 부리며 논을 갈았다.

"이랴, 워어 워어~"

소를 부리는 아버지의 목소리와 황소 목에서 딸랑거리는 워낭 소리를 들으면서 동생과 나는 청밀밭가에 앉아 소꿉놀이를 했다. 가을추수를 끝내고 심은 청밀은 추운 겨울을 이겨내고, 봄이면 초록빛 여린 순으로 피어났다. 보리보다 키가 큰 청밀은 모내기를 하기 위해 논갈이를 할 때쯤이면 내 키보다 웃자라 있었다. 청밀은 숨바꼭질할 때 몸을 숨기기에도 좋았다. 바람이라도 한 줄기 불어오면 가녀린 대가 낭창낭창 춤을 추며 초록 물결을 이루었다.

청밀은 보릿고개를 넘을 때 중요한 역할을 하는 구황작물이었다. 하루하루 끼니를 걱정해야할 만큼 찌들게 가난한 집은 방앗간에서 밀 껍질만 살짝 벗겨와 감자에 안쳐먹기도 하였고, 청밀가루로 국수를 만들어 먹기도 하였다. 주린 배를 채워주는 청밀은 꺼끌꺼끌하여 맛은 없었지만 고마운 존재였다. 그런데 수입산 밀가루에 의해 청밀 밭은 사라지고 말았다. 수입산 밀가루는 청밀가루에 비해 식감도 부드럽고, 값도 비싸지 않았기에 청밀 수요가 줄어들자 농부들도 다른 작물을 심게 된 것이다.

한 때는 가난한 사람들의 한 끼를 해결해주던 청밀이 이제는 식혜나 고추장용 엿기름을 만들 때 쓰이는 질금과 소먹이용으로 전락했다는 사실이 서글퍼진다.

해가 갈수록 쌀 소비량이 점점 줄어들고 있다고 한다. 현대인들의 입맛이 서구화되어 빵과 육류를 즐기기 때문이라고 한다. 이런 뉴스를 접할 때마다 농부들도 쌀농사만 고집할 게 아니라 밀농사를 지으면 어떨까 생각하게 된다. 최근 한국식품연구원은 국산 청밀이 항산화활성 및 암세포증식억제에 효과가 있다고 밝혔다. 국산 청밀의 장점을 중점적으로 연구하여 수입산 밀과 차별화시키겠다고 했다.

나 또한 식사시간이 빠듯한 날에는 빵과 우유로 한 끼를 해결하게 된다. 건강을 생각해서 우리 밀로 만든 빵을 사려고 해도 파는 곳이 거의 없기에 짬을 낼 수 없는 나로서는 수입산 밀가루로 만든 빵을 사 먹을 수밖에 없다. 과자와 빵, 국수, 라면 봉지를 보면 모두 다 원료가 수입산 밀이라고 표기되어 있다. 우리 밀로 만든 제품을 찾기란 하늘에 있는 별을 따는 것만큼이나 어려운 일이 되어버렸다.

"농부들도 쌀값이 없나고만 할 게 아니라 밀농사 지으면 안 되나?"

“밀 방앗간이 없는데, 농사지어도 어떻게 밀가루로 만드냐?”

부모님은 방앗간이 없기 때문에 불가능하다고 하신다. 하지만 너도나도 밀농사를 짓게 된다면 방앗간도 들어서지 않을까? 서구화된 입맛을 탓하기 전에 변화를 따라가려는 자세가 더 필요한 것이 아닌가 하는 의문을 가져본다. 나는 농부가 아니기에 어쩌면 너무 쉽게 생각하는지도 모르겠다. 우리 밀이 건강에 좋다는 연구 결과도 나왔으니 사라져버린 청밀 밭이 하나 둘 살아나지 않을까 기대해본다.

당장은 청밀 밭을 볼 수 없으니 내년 봄 형부의 터전을 다시 한 번 찾아가야겠다. 소먹이용으로 심어놓은 청밀이 봄바람에 일제히 물결을 이루며 춤을 추는 광경을 보고 싶다. 청밀 밭 앞에 서면 어린 시절의 따스한 기억들이 물결을 이루며 되살아나겠지.

하늘이 하는 일

오랜만에 친정집에 들렀다. 그런데 다른 날과는 달리 마당에 들어섰는데도 인기척이 없다. 면소거리에 볼일을 보러가거나 옆 동네에 있는 종합병원에 갈 때마다 아버지의 발이 되어주는 경운기도 보이지 않는다. 그대로 차를 돌려 논으로 향했다.

올해는 봄 가뭄이 오래도 간다. 게다가 지난겨울에는 눈다운 눈도 내리지 않았기에 가뭄이 더욱 심한 것 같다. 농로로 접어들자 논에 물을 대느라 분주하게 움직이는 농부들과 곳곳에서 마주쳤다. 그들 옆을 시나칠 때마다 하릴없이 나들이 나온 사람으로 비쳐질까봐 조심스럽기까지 하다.

어렸을 때부터 아버지를 따라다녔던 산골짜기 다랑이 논에 다다르자 양수기로 조그만 웅덩이에서 물을 끌어올리는 아버지의 모습이 보인다. 하루도 빠짐없이 물을 끌어 올리지만, 한낮 따가운 햇볕과 흙먼지를 일으키며 불어오는 바람 때문에 하룻밤이 지나고 나면 물은 흔적도 없이 사라진다고 한다. 그렇게 물과의 전쟁이 한 달 넘게 계속되고 있었다. 언론에서도 연일 봄 가뭄으로 타들어가는 논밭을 보여주며 농민들의 애타는 상황을 보도하고 있지만, 하늘은 구름 한 점 없이 맑기만 하다.

"아버지가 매일 경운기 끌고 다니는 정성은 돈으로 치지 않는다 해도, 경운기 기름 값이랑 양수기 기름 값을 계산하면 이 논에서 나오는 쌀의 몇 곱을 사고도 남을 거야."

손바닥만큼 작은 논배미를 아침저녁으로 들여다보느라 지쳤는지 엄마는 넋두리를 하신다. 아버지의 정성으로 자란 벼들이 그나마 모살이를 시작해서 다행이라고나 할까. 그에 비해 밭작물은 형편없이 빈약하게 자라고 있었다. 예년 이맘때면 어린아이 주먹만큼 자랐을 감자도 순만 짙푸르러갈 뿐 땅을 파보면 조롱조롱 매달린 감자가 새알만하다.

고랭지 채소농사를 짓는 농부들은 파종은 엄두도 못 낸다고 한다. 모종이 뿌리를 내리기까지 그 넓은 밭에 매일 물을 주어야 하는데, 그 비용을 계산하면 적자기 때문이란다. 고랭지 채소농사를 짓는 농부는 하늘아래 드넓게 펼쳐진 밭을 하염없이 들여다보고 있다. 열흘 안에 비가 안 내린다면 시기를 놓쳐서 올 한해 농사는 포기해야 한다며 근심 어린 얼굴로 말한다. 퍼석거리는 흙먼지가 느껴질 정도로 가뭄의 현장이 생생하게 보도되었다.

"아버지, 맨날 물 푸느라 힘들어서 어떻게 해요?"

"하늘이 하는 일인데 어쩔 수 있나?"

하늘에 순응하며 살아온 아버지의 철학이 느껴지는 말이다. 힘들어도 내색하지 않고 묵묵히 농사일을 하며 평생을 사신 아버지. 아버지는 일이 뜻대로 안 된다고 해서 다른 사람들처럼 술에 의지하거나 화를 내거나 하지도 않으며 하늘을 원망하지도 않고 팔십 평생을 살아오셨다. 하늘이 하는 일이라는 아버지의 말에 숙연해진다. 지나치게 비가 많이 내려도 안 되고, 햇볕이 좋기만 해도 안 되는 농사일. 과학기술이 발달했다고는 해도 하늘의 일은 인간이 범접할 수 없는 영역이다. 농부들은 그 이치를 깨달았기에 하늘을 경외시하면서 산다.

산업사회가 되면서 대부분의 사람들이 날씨에 영향을 받지 않는 일을 하세 되었나. 그러다 보니 어느 순간부터 자연의 소중함이라던가, 하늘의 일에 대해 무관심하게 되었다. 타들어가는 농작물 때문에 농부들이야 애가 타든 말든 우산 쓰고 다니는 것이 불편하고 비바람에 옷 젖는 것이 싫어서, 또는 나들이 가는 데 비가 오면 안 된다는 이유로 날씨가 맑기만을 바라는 사람들을 볼 때면 화가 치밀어 오른다. 먹거리를 책임지고 있는 농부들의 입장을 전혀 생각하지 않는 이기적인 행동이기 때문이다.

일기예보에서는 곧 장마가 시작된다고 한다. 그 말로 위안을 삼아본다. 2~3일만 버티면 아버지가 매일 논으로 달려가지 않아도 되리라. 그리고 고랭지 채소농사를 짓는 농민도 파종을 할 수 있으리라. 비가 내리면 축 늘어져 있던 농작물에 생기가 도는 것처럼 농부들의 얼굴에도 생기가 돌겠지. 그들이 비에 젖은 흙냄새를 맡으러 논밭으로 달려가는 모습이 떠오른다. 논밭으로 달려간 그들은 하늘이 하는 일에 감사하면서 묵묵히 자신의 땅을 돌볼 것이다.

나를 꿈꾸게 하는 방

드디어 내 방이 생겼다. 큰맘 먹고 책상도 하나 들여놓고 내가 좋아하는 해바라기 그림도 걸어놓았다. 창을 열면 앞산에서 불어온 바람이 솔향를 전해주는 방. 일상생활에서 나를 해방시켜줄 수 있는 유일한 공간이며 일탈을 꿈꿀 수도 있는 방. 오십이 되어서야 처음으로 갖게 된 나만의 방이다.

초등학교 3학년 때 친구 집에 놀러간 일이 있다. 친구 집은 초가삼간이었는데 비좁다고 느꼈는지 마당 한쪽에 행랑채를 짓고 있었다. 친구는 행랑채 중에 한 칸은 자기 공부방이라고 자랑을 하며 우쭐해 했다. 우리 집도 초가삼간인데 안방은 부모님과 남동생이 생활하는 공간이고, 사랑방은 할머니와 언니, 나, 여동생이 함께 생활하는 공간이었다. 곳간도 없는 작은 집이었기에 안방 한쪽에 곡식자루를 쌓아놓았고, 윗목에는 콩나물을 키우는 시루와 옷궤짝이 놓여있었다. 그러다 보니 두리반에 일곱 식구가 겨우 둘러앉을 수 있을 정도로 안방은 비좁았다. 사랑방도 비좁기는 마찬가지였다. 윗목에 할머니 옷을 넣어놓는 궤짝이 있고, 그 옆에는 엄마의 혼수품인 반닫이가 자리하고 있었다. 그리고 그 옆에 앉은뱅이책상이 하나 있었다.

하나밖에 없는 책상은 늘 언니 차지였기에 나는 방바닥에 배를 깔고 엎드린 채 숙제를 하고 책을 읽어야만 했다. 어느 날, 가물거리는 등잔불 밑에서 숙제를 하고 있는데 아버지가 급히 문지방을 넘어오셨다. 돌아보니 동생이 내 공책을 찢어서 불을 붙이고 있었다. 동생을 쥐어박고 싶은데 상황파악도 못 한 동생은 불장난에 빠져서 싱글벙글 웃고 있었다. 이 모든 일이 공부방이 없어서 생긴 일이라는 생각이 들었다.

"아버지, 나도 공부방 만들어줘요."

"집 짓는 게 그렇게 쉬운 줄 알아? 쓸데없는 소리 하지 말고 얼른 자."

다음날 학교에서 돌아온 나는 언니와 함께 짐을 챙겨서 보자기에 쌌다. 그래 봐야 교과서와 공책, 필통, 책가방뿐이었지만 말이다. 둘이 의논 끝에 헛간을 공부방으로 꾸며달라고 떼쓰기로 하고 부모님이 논밭에서 돌아오시기 전에 짐 보따리를 헛간 앞에 날라다놓았다.

이제나저제나 부모님이 돌아오시기를 기다리는데, 며칠 전 꽃밭에서 보았던 개미집이 생각났다. 개미집 앞에 쌓여있는 흙더미가 적은 걸로 보아 규모가 작은 개미집인 것 같았다. 개미들이 분주히 오고가는 모습이 신기해서 가만히 들여다보니, 집에서 나오는 개미들마다 입에 작은 흙덩이를 물고 나와서 집 앞에 뱉어놓고 다시 들어가는 일을 반복하였다. 방을 더 만들기 위해 일개미들이 열심히 공사를 하고 있는 듯했다. 땅속에 있는 개미집은 어떻게 생겼을까? 갑자기 호기심이 생겨서 호미로 개미집을 긁어보았다. 그랬더니 투명한 막에 쌓여 있는 개미 애벌레가 무수히 나왔다. 내가 호미로 찍은 부분이 애벌레들이 모여 있는 방이었나보다. 애벌레를 돌보던 일개미들은 갑자기 당한 기습에 어쩔 줄을 몰라 우왕좌왕하였다. 곧 개미로 탄생할 생명들이 내가 휘두른 무기에 의해 생을 다하였다. 살아남은 개미들이 이 일을 수습하고 다시 방을 만들기 시작했는지 꽃밭에는 여전히 개미집에서 나온 흙이 쌓여만 갔다.

아버지도 일개미들처럼 부지런하니까 공부방을 금세 만들어줄 수 있을 것 같았다. 일단 바닥에 있는 소먹이용 짚단과 암탉이 알을 낳는 둥주리를 다른 곳으로 옮기고, 닭들이 올라가서 잠을 자는 홰도 헛간 처마에 매달아주면 될 것 같았다. 바닥에 돗자리를 깔고 신문지라도 얻어 와서 도배를 하면 완벽한 공부방이 되리라는 확신이 들었다.

"아버지, 공부방 빨리 만들어줘요."

꼴지게를 지고 마당에 들어서는 아버지를 보자마자 달려가서 떼를 썼다.

"그렇게 쉽게 방을 만들 수 있는 게 아니라니까."

아버지는 한마디 던지시고는 가축들만 돌보셨다. 칠흑 같은 어둠이 내려앉은 산골마을에 별빛만이 초롱초롱 빛나고 있었다. 어른들은 약속이나 한 듯 그 누구도 관심을 보이지 않았다. 머쓱해진 우리는 할 수 없이 시위를 끝내고 짐 보따리를 다시 사랑방으로 옮겼다.

공부방에 대해 그 어떤 약속도 하지 않은 아버지였지만 다음날부터 짚을 듬성듬성 썰어 넣은 흙덩이를 다져서 벽돌을 만들기 시작했다. 햇볕에 바짝 말린 흙벽돌이 차곡차곡 쌓여갈 때마다 공부방에 대한 희망이 커져만 갔다. 공부방을 만들 벽돌이라는 말씀은 한마디도 하지 않았지만 꿈에 부풀어서 벽돌 개수를 하나둘 세곤 하였다. 그런데 어찌된 일인지 공사를 시작하지는 않았다. 기다림에 지친 나도 어느 날부터인가 벽돌 세는 일을 그만두어 버렸다.

그렇게 몇 해가 지난 어느 겨울날, 허리까지 빠질 정도로 폭설이 내리고 난 후 부엌 천장 서까래가 내려앉았다. 할머니가 살림나면서 감자이삭을 주워서 겨우겨우 지었다는 초가집인데…….
수리를 하는 것보다 이사를 가는 편이 나았는지 쓰러져가는 초가집을 두고 이사를 나왔다. 이삿짐을 푼 곳은 두 칸 겹집으로 한 칸은 부모님 방, 그 뒷방은 곳간으로 사용되었고, 사랑방은 우리 자매들이 사용하는 방, 그 뒷방은 남동생 방이 되었다. 나만을 위한 공부방에 대한 꿈은 신기루처럼 사라지고 말았다.

그렇게도 소원했던 내 방은 아이들이 자라서 내 품을 떠난 뒤에야 비로소 생겼다. 안방은 공동공간이니 내 방이라고 할 수는 없다. 현관 입구 방은 남편의 서재로, 가운데 방은 나의 서재로 꾸몄다. 그리고 지금 그 방에 있는 내 책상 앞에 앉아 이 글을 쓴다. 이따금 해바라기 그림도 한 번 쳐다보고, 바람이 날라다 준 솔향도 맡으면서……. 내 방을 꿈꾼 지 사십여 년 만에야 비로소 내 방이 생긴 것이다.

그런데 아버지는 공부방을 만들어주지도 않을 거면서 흙벽돌은 왜 그렇게 쉬지 않고 만들었을까? 이사 나올 때 두고 온 흙벽돌이 눈에 어른거린다.

별리(別離)

그가 떠났다.

이별을 예기치 못한 바는 아니지만, 갑자기 닥친 일에 정신을 차릴 수가 없다. 무엇을 해야 할지, 하루 일과가 끝난 뒤 그 긴 시간을 어떻게 보내야 할지 막막하기만 하다. 그를 잊기 위해서라면 무슨 일이든 해야 하는데 기억을 잃어버린 사람처럼 머릿속이 하얗기만 하다.

주위 사람들이 그와 인연을 맺으라고 권했을 때 별로 내키지 않았었다. 적당한 이유를 들어 거질할 때마다 그들은 이해할 수 없다는 반응을 보였다. 솔직히 변화를 두려워하는 성격인지라 새로운 인연을 만들고 싶지는 않았다. 그렇게 시간을 끌다가 2년 6개월 전, 살을 에는 듯 매서운 바람이 거리를 누비고 다니던 날 겨울 앓이를 하던 나는 그를 만나기 위해 길을 나섰다.

처음 만난 그는 단박에 내 마음속으로 들어왔다. 많은 사람들이 얘기한 대로 그는 무척 똑똑했다. 모르는 것을 물어볼 때마다 척척 알려주었고, 세상에서 일어나는 온갖 일을 살뜰하게 전해주었다. 혼자 쓸쓸한 시간을 보낼 때면 내 곁에 머물면서 달콤한 시간을 보낼 수 있도록 도와주었다. 하루 일과를 마치고 소금에 절인 배추처럼 축 늘어져 있을 때도 기운을 차릴 수 있도록 위로해주었는데…….

지난겨울은 유난히도 눈이 많이 내렸다. 쉼 없이 내리는 눈은 세상을 은백색으로 덮어버렸다. 제설차가 지나간 후 그나마 빼꼼히 보이던 길도 금세 하얀 세상으로 스며들더니, 일 미터가 넘게 내린 눈은 도시를 은백색 성에 가두어버렸다. 사정이 이렇다 보니 며칠째 바깥출입도 못 하고 집안에 갇혀 지내야만 했다. 하지만 그가 있었기에 하릴없이 보내는 시간이 무료하지 않았다.

그와 나는 언제나 함께 했다. 이제 그가 없는 세상은 상상할 수조차 없는데 이렇게 갑자기 떠나다니. 그러고 보니 얼마 전부터 이따금씩 이별의 전조를 보이기는 했다. 그럴 때마다 무딘 척, 정말 아무 것도 모르는 척, 그렇게 덮어버렸다. 쉴 짬도 주지 않고 나하고만 시간을 보내자고 했으니 얼마나 힘들었을까? 다시 돌아와 달라고 몇 시간이나 매달리며 애원했지만 그는 끝내 돌아서고 말았다.

답답한 마음을 하소연이라도 하고 싶은데 기억나는 전화번호가 없다. 이럴 수가? 내가 기억해 낸 전화번호는 다섯 개 정도밖에 안 되었다. 모든 번호는 그가 대신 기억해주고 있었다. 이름만 대면 그가 알아서 연결해 주었기에 따로 메모해 둔 것도 없다. 나는 너무나도 많은 것을 그에게 의지하며 살았나보다.

현실을 받아들이는 데 하루가 걸렸다. 마음이 정리되자 그와의 달콤한 시간에 빠져서 보지 못했던 것들이 눈에 들어오기 시작했다. 제일 먼저 책상 위에 무심히 놓여있는 책이 보였다. 언제 읽다가 올려놓았는지 먼지가 앉아있다. 몇 달 전에 샀던 책인데 몇 장 읽다가 그냥 팽개쳐 두었던 일이 생각났다. 그러고 보니 침대 옆에도, 식탁 위에도 읽다가 만 책이 놓여 있다. 너무나도 오랫동안 그에게 빠져서 일상적인 생활을 등한히 하며 지냈다는 걸 깨달을 수 있었다.

오랜만에 책을 펼쳤다. 책을 읽다가 어려운 낱말을 발견했다. 다른 때 같았으면 주저하지 않고 그에게 물어봤겠지만 이제는 그럴 수가 없다. 사전을 펼쳤다. 그에게 물어보는 것보다 다소 시간은 걸리겠지만 종이를 뒤적거릴 때마다 느껴지는 감촉이 참 좋다. 오래 묵은 책 냄새가 코끝에서 맴도는 것도 참으로 좋다.

그렇게 하루를 보내고 나니 묵직하게 어깨를 누르던 통증이 거의 느껴지지 않는다. 정전기처럼 찌릿찌릿 손목을 자극하던 통증도 사라진 것 같다. 그를 바라보면 볼수록 점점 침침해지던 눈도 맑아진 것 같다. 그가 떠난 현실을 받아들이고 있다는 신호인 양 몸이 정말 가뿐해졌다.

하지만 그를 영영 떠나보낼 자신이 없다. 집전화가 없는 가정이 점점 늘어나고 있는 현실을 감안해볼 때 그는 꼭 필요한 존재임에 분명하다. 그는 삶에 도움을 주는 편리한 도구이다. 그에게 푹 빠져서 지내지만 않는다면 삶의 질을 높이는 데 반드시 필요한 물건이다. 그만 있다면 길을 가다가 궁금한 것이 있을 때 그 자리에서 바로 검색할 수 있고, 일기예보도 시간별로 알 수 있다. 또 정치, 경제, 문화, 연예, 스포츠 등 다양한 분야의 뉴스를 실시간으로 알 수도 있으며 여러 사람과 동시에 대화를 나눌 수도 있다. 이렇게 똑똑한 그를 멀리한 채로 산다면 불편한 점이 한 두 가지가 아닐 것 같다. 나에게 갑자기 이별을 통보한 후 모든 기능을 멈춘 그를 이제는 잊고, 아무래도 새로운 이를 만나러가야겠다.

"내일 스마트폰 사러 갈 거야. 비싸더라도 이왕이면 최신 폰을 사는 게 좋겠지? 얼마 안 있으면 또 신제품 나올 거니까 말이야."

"좋을 대로 하세요."

그에게 빠져있을 때마다 불만을 토로하던 남편의 시원스러운 대답이다.

내 이름을 불러줘

초여름의 따가운 햇볕이 기승을 부리던 날, 오래전에 근무했던 직장에 들렀다. 문을 밀치고 들어서자 반가운 얼굴들이 반겨준다. 학교를 졸업하기도 전에 발령을 받아서 왔던 풋풋했던 후배는 이제 마흔을 바라보는 나이가 되어 능숙하게 일을 처리하였다. 여전히 따뜻한 마음씨를 간직하고 있는 그녀는 동료로 지낼 때 내게 참 많이도 혼났다. 업무처리가 서툴러서라기보다는 내가 정해놓은 규칙을 어기는 일이 종종 있었기 때문이다. 시골 어르신들이 주 고객인 탓에 규정보다는 정을 중요시하는 분위기도 한몫했다.

"십만 원만 꺼내주게."

"청구서 써 오셔야 해요."

"그냥 해 줘. 글씨 쓰기 귀찮아."

어르신들이 막무가내로 억지를 부릴 때면 규정이라서 어쩔 수 없다면서 그들을 설득하려고 했지만, 그녀는 자신이 도와주겠다면서 호의를 베풀었다. 그런데 내 입장을 고려하지 않는 그녀의 태도 중에서 가장 많이 부딪친 부분은 차 심부름이었다. 사무실내에 자판기가 있음에도 불구하고 남자직원들은 여자직원들에게 차 심부름을 시켰다. 그럴 때마다 나는 매몰차게 거절했다. 하지만 그녀는 자발적으로 차 심부름을 했다. 그런 일이 자꾸만 반복되자 그동안 눈총을 받으면서까지 직장 내 양성평등을 이루기 위해 힘겹게 한 발씩 내디뎠던 일들이 허사가 되고 말았다.

내가 처음 직장생활을 시작했던 80년대 후반만 해도 여자직원들은 이름도 없이 그저 김 양, 최 양 등 성씨로만 불렸다. 남자직원들은 신입사원임에도 불구하고 성과 이름을 함께 부르거나 '주임'이라고 불러주면서도, 여자직원은 그들보다 선배라 할지라도 그냥 '~양'으로 불렀다. 나는 그런 호칭에 대해 거부감을 드러냈지만 다른 직원들은 지금까지 그렇게 불렀으니까 아무렇지도 않다는 반응이었다. 나만 예민하게 반응할 뿐이었다.

그 당시 나는 페미니즘에 대한 책에 푹 빠져 있었기에 여성들의 권리에 대해 생각하고는 했었다. 여성들이 당연히 누려야 할 권리를 제대로 누리지도 못하고, 오래된 유교 관습에 의해 여성들 스스로 자신의 자리를 남성들 아래에 두는 사례를 접하면서 남존여비사상이 아직도 존재한다는 사실에 분노하며 책을 읽었다. 그러던 어느 날 '최 양'이라고 불릴 때마다 속상해 할 것이 아니라 마음에 들지 않는 점을 바꾸어 나가야겠다고 마음먹게 되었다.

"최 양, 이것 좀 처리해 줘."

"부장님, 저는 최 양이 아니라 최남미에요. 이제부터 이름을 불러주세요."

"그게 그거지. 새삼스럽기는……."

처음부터 내 제안이 받아들여지지는 않았다. 하지만 나를 부를 때마다 '제 이름은 최남미에요.'라고 말했다. 여자직원들도 끈질긴 나의 태도를 보고 남자직원들에게 이름을 불러달라고 말하기 시작했다. 이렇게 힘을 모아 노력한 결과 직원들 모두 여자 직원의 이름을 불러주기 시작했다.

그 다음으로 내가 바꾸고자 했던 일은 차 심부름이었다. 남자직원들은 자기 손님인데도 여자직원을 불러서 차 심부름을 시켰다. 일처리를 하느라 화장실에도 못가고 동동거리고 있는데 그들 눈에는 아무것도 보이지 않는지 자판기가 멀리 있는 것도 아니고 다섯 걸음만 떼면 바로 커피를 뽑을 수 있는데도, 음료를 대령할 때를 기다리고 있는 양을 보노라면 화가 치밀어 올랐다. 자판기까지 걸어갈 것도 없이 소파 바로 옆에 음료를 넣어둔 냉장고가 있는데도 냉장고 문을 열 줄 모르는지 여자직원부터 찾는 그들이 정말 이해가 되지 않았다.

나는 딸 셋, 아들 하나인 집안의 둘째 딸로 태어났다. 할머니와 어머니는 막둥이인 남동생을 애지중지하며 키웠다. 할머니는 동생이 부엌에라도 들어가면 고추 떨어진다며 질색을 하였다. 남동생이 밥상머리에 앉아서 "물~"하고 소리치면 누나들이 물을 떠다 바쳐야 했다. 언니와 여동생은 아무 불평 없이 그 일을 했지만, 나는 단 한 번도 순순히 물심부름을 한 적이 없다. 똑같은 자식인데 왜 밥을 먹다 말고 일어서서 물을 떠다 줘야 하는지 정말 불공평하다는 생각이 들었다.

꾸지람을 들으면서도 부당함을 조목조목 따지던 나였기에 상황에 맞지 않는 차 심부름을 할 수가 없었다. 차 심부름을 거부한 나는 결국 미운오리새끼가 되고 말았다. 마음 따뜻한 후배가 차 심부름을 도맡아하기 시작했다. 그렇게 차 심부름이 그녀의 업무 중 하나로 자리 잡게 되었을 즈음 나는 퇴직을 하였다.

오랜만에 들른 나를 위해 후배가 일을 처리하고 있을 때 서 너명의 고객이 전무실로 들어갔다. 나는 오래 전 기억을 되살리며 그녀가 차 심부름을 하거나 다른 여자직원이 차 심부름을 할 거라고 생각하였다. 그런데 차 심부름을 하는 여자직원은 단 한 명도 없었다. 전무님 또한 차를 부탁하러 나오지도 않았다. 아마도 냉장고 안에서 음료를 꺼내어 대접했는가 보다.

오래 전, 그토록 변화시키려고 했던 일들이 정착된 사실을 목격하는 순간 가슴이 뛰었다. 남자직원들이 21세기에 맞게 사고방식을 바꾸었기 때문일까? 어쨌든 자기 이름을 찾고, 자기 업무에만 전념하고 있는 여자직원들의 모습이 보기 좋았다. 권위의식 따위는 내려놓고 자신을 찾아온 손님을 직접 대접하는 전무님도 멋있어 보였다.

하지만 우리 사회는 아직도 양성평등의 길이 멀게만 느껴진다. 정치인들을 보아도 대부분 남성들이며, 직장에서도 고위직은 거의 남성들이 차지하고 있다. 여성들의 경제활동 인구가 여성인구의 50%가 넘는다고 하지만 여전히 남성들보다 낮은 지위와 보수를 받는 등 주변인에 머물러 있다. 그러나 사회를 변화시키려는 노력을 멈추지 않는 한 언젠가는 양성평등이 이루어지리라고 믿는다. 현실에 안주하지 말고 미운오리새끼가 되는 한이 있더라도 나 자신부터 변화시켜 나간다면, 가랑비에 옷 젖듯이 주위도 서서히 동화되어 유리천장이 깨지는 날이 오리라 믿는다.

수필문학사 수필선집 / 437

최남미 수필집

씨앗

2018년 8월 5일 초판 인쇄
2018년 8월 10일 초판 발행

지은이 / 최남미
발행인 / 강석호

발행처 / 도서출판 교음사
편 집 / 隨筆文學社 出版部

03147 서울 종로구 삼일대로 457 수운회관 1308호
Tel (02) 737-7081, 739-7879(Fax)
e-mail : gyoeum@daum.net

등록 / 제300-2007-52호

* 잘못된 책은 바꿔 드립니다. 값 12,000원

ISBN 978-89-7814-731-6 03810

이 도서의 국립중앙도서관 출판예정도서목록(CIP)은 서지정보유통지원시스템 홈페이지(http://seoji.nl.go.kr)와 국가자료공동목록시스템(http://www.nl.go.kr/kolisnet)에서 이용하실 수 있습니다. (CIP제어번호 : CIP2018024761)

· 이 책은 강원도, 강원문화재단 후원으로 발간되었음